2.-4. Schuljahr

Gabriela Rosenwald

Lernwerkstatt Der Wald im Jahreslauf

Pflanzen & Tiere im Frühling, Sommer, Herbst und Winter

Lernen mit Erfolg
KOHL VERLAG

www.kohlverlag.de

Lernwerkstatt DER WALD IM JAHRESLAUF

Pflanzen & Tiere im Frühling, Sommer, Herbst und Winter

7. Auflage 2022

Inhalt: Gabriela Rosenwald
Umschlagbilder: sborisov, Tobias Küttner, Anna Subbottina & Smileus - fotolia.com
Grafik & Satz: Kohl-Verlag
Druck: farbo prepress GmbH, Köln

Bestell-Nr. 11 635

ISBN: 978-3-95686-609-8

Inhalt

KOHL VERLAG Lernen mit Erfolg
Lernwerkstatt DER WALD IM JAHRESLAUF
Pflanzen & Tiere im Frühling, Sommer, Herbst und Winter – Bestell-Nr. 11 635

Einleitung

Liebe Kolleginnen und Kollegen,

der Wald ist Rückzugsgebiet für viele Tierarten und beherbergt genau an diesen Lebensraum angepasste Pflanzen. Rotwild, Rehe, Wildschweine, Füchse, Dachse und viele kleine Säugetiere wie Eichhörnchen und Mäuse leben hier. Auch Vögel und zahllose Insekten, Spinnen, Schnecken und Bodentierchen finden in einem natürlichen Wald passende Lebensbedingungen.

Es ist interessant und spannend, den Jahreskreislauf im Wald zu beobachten. Frühling, Sommer, Herbst und sogar der Winter zeigen abwechslungsreiche Facetten dieses Lebensraums. Pflanzen und Tiere sind in diesen Kreis integriert und richten ihr Leben nach den Naturgegebenheiten ein.

Ein Waldspaziergang ergibt daher in jedem Monat Neues, was es zu entdecken und zu erforschen gilt. Viele Aufgaben sind zum Malen und Rätseln, sodass auch jüngere Schüler* problemlos mitarbeiten können.

Auch wenn kein „richtiger“ Wald in der Nähe ist, lässt sich fast alles auch in einem Park oder sogar an einzelnen Bäumen nachvollziehen.

Für das Arbeitsblatt auf Seite 8 empfiehlt es sich, zuerst alleine ein Waldstück mit Wegen und Abkürzungen zu erkunden und interessante Stellen zu erforschen. Gemeinsam mit den Schülern kann man dort anschließend Dinge suchen, finden, mitnehmen, hören, riechen, fühlen, sehen, eventuell sogar schmecken. Die Schüler können beobachten, hinhorchen, ertasten oder erschnuppern. Eine Waldklanggeschichte kann im Anschluss gemeinsam oder in Kleingruppen erarbeitet werden.

Für die „Waldanfänger“ findet sich am Ende des Bandes ein Überblick über unsere häufigsten Waldbäume und Tiere. Leider kann man in diesem Heft nicht alle Themen behandeln, so wurde eine – hoffentlich gute – Auswahl getroffen.

Viele schöne Erlebnisse im Wald und frohes Lernen wünschen Ihnen und Ihren Schülern das Team des Kohl-Verlags und

Gabriela Rosenwald

Hinweis: Die Kopiervorlagen dieser Lernwerkstatt lassen sich unabhängig voneinander im normalen Unterricht ebenso einsetzten wie in der Freiarbeit, z. B. in Form von Wochenplanarbeit oder Stationenlernen. Die Aufgaben umfassen verschiedene Fachbereiche, z. B. Biologie, Sachkunde, Erdkunde, Deutsch. Wichtig wäre die Möglichkeit des Internetzugangs für die Schüler und/oder aber die Bereitstellung von diversen Büchern (z. B. Duden, Biologiebuch, Lexika o. ä.) zur Erarbeitung bestimmter Aufgaben.

**Mit den Schülern bzw. Lehrern sind im ganzen Heft selbstverständlich auch die Schülerinnen und Lehrerinnen gemeint!*

Bedeutung der Symbole:

EA **Einzelarbeit**

PA **Partnerarbeit**

Schreibe ins Heft/ in deinen Ordner

Arbeiten in kleinen Gruppen

Arbeiten mit der ganzen Gruppe

Lernwerkstatt DER WALD IM JAHRESLAUF
Pflanzen & Tiere im Frühling, Sommer, Herbst und Winter – Bestell-Nr. 11 635
KOHL VERLAG

Arbeitspass

Name: ______________________________ **Klasse:** ______________

Seite	Thema	begonnen	erledigt

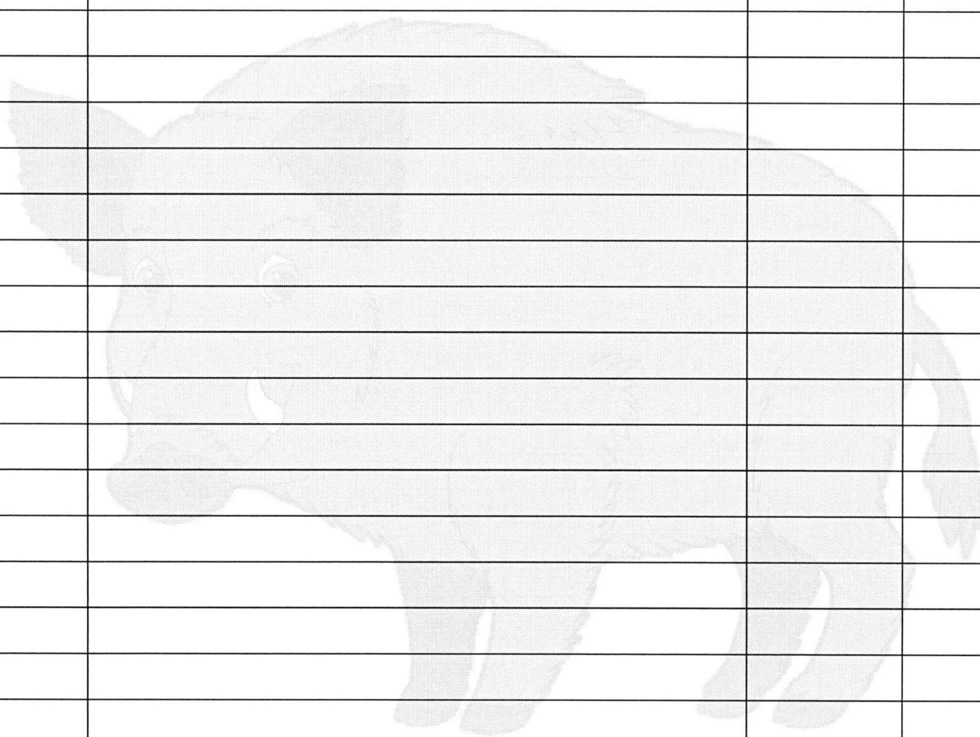

Lernwerkstatt DER WALD IM JAHRESLAUF
Pflanzen & Tiere im Frühling, Sommer, Herbst und Winter – Bestell-Nr. 11 635
KOHL VERLAG

I. Mindmap zu den Jahreszeiten

Aufgabe 1: ***Aufgabe für die Klasse: Erstellung der Mindmap „Wald“***

Bildet vier gleich große Gruppen. Ordnet jeder Gruppe eine Jahreszeit zu.

a) *Erstellt eine Mindmap zu eurer Jahreszeit. Beachtet dabei:*
- *Wie sieht der Wald zu dieser Jahreszeit aus?*
- *Welche Farben überwiegen?*
- *Welche Tiere sind aktiv?*
- *.....*

Findet dazu auch passende Bilder.

b) *Präsentiert eure Mindmap. Legt zuvor fest, wer was sagt.*

Frühling

Sommer

Herbst

Winter

Entdeckungsspaziergang & Klanggeschichten

GA

Aufgabe 1: **a)** *Bildet Gruppen zu 3 Personen. Gestaltet diese Geschichte mit den angegebenen Ideen.*

Wald-Klanggeschichte

Wir gehen den Waldweg entlang. Der Wind rauscht in den Bäumen.

[Mit einer Bürste über eine Pappe streichen]

Es knistert in den Ästen.

[Butterbrotpapier zerknüllen]

Wir hören einen Kuckuck rufen.

[Auf der Blockflöte c – a spielen]

Wir bleiben stehen und hören zu. Aber der Kuckuck flattert davon.

[Vorsichtig in die Hände klatschen oder ein Küchentuch an zwei Enden festhalten und hin- und herschwingen.]

Es raschelt neben uns auf dem Weg. Eine Maus flüchtet in ihr Mauseloch.

[Ein wenig trockenes Laub in einer Tüte schütteln.]

Ein Specht hämmert an einem Baumstamm. Er baut eine neue Höhle.

[Mit zwei Stiften gegeneinander schlagen.]

Nun beginnt es zu regnen. Wir machen uns auf den Heimweg.

[Ein Regenstab kann erklingen. Alternativ wird ein Joghurtbecher mit etwas Reis gefüllt, mit Alu-Folie bespannt und leicht geschüttelt.]

b) *Gestaltet eine Wald-Klanggeschichte mit euren eigenen Ideen.*

Lernwerkstatt DER WALD IM JAHRESLAUF
Pflanzen & Tiere im Frühling, Sommer, Herbst und Winter – Bestell-Nr. 11 635
KOHL VERLAG

Waldwörter

EA

Aufgabe 2: *Bilde mit den folgenden Wörtern zusammengesetzte Hauptwörter (Nomen/Substantive). Schreibe die gefundenen Wörter in die Tabelle.*

Nadel – Weg – Regen – Zauber – Eichen – Boden – Rand – Laub – Gebiet – Tier – Spaziergang – Birken – Baum – Misch – Märchen – Brand – Buchen – Grenze

Wald-	-wald

II. Die Jahreszeiten im Wald

EA

Aufgabe 3: *Schneide die Dreiecke aus und setze die zu einem Stern zusammen. Du erkennst 7 Dinge, die sich im Wald finden. Schreibe die Wörter auf.*

Lernwerkstatt DER WALD IM JAHRESLAUF
Pflanzen & Tiere im Frühling, Sommer, Herbst und Winter – Bestell-Nr. 11 635
KOHL VERLAG

II. Die Jahreszeiten im Wald

Meteorologische und astronomische Einteilung

Wetterkundler *(Meteorologen)* teilen die Jahreszeiten den Monaten zu. So zählen Dezember, Januar und Februar zum Winter, März, April und Mai zum Frühling. Der Sommer beginnt mit dem Juni, der Herbst mit dem September. Tageslänge, Licht und Wärme oder Kälte im Jahreslauf haben Auswirkungen auf Tiere und Pflanzen.

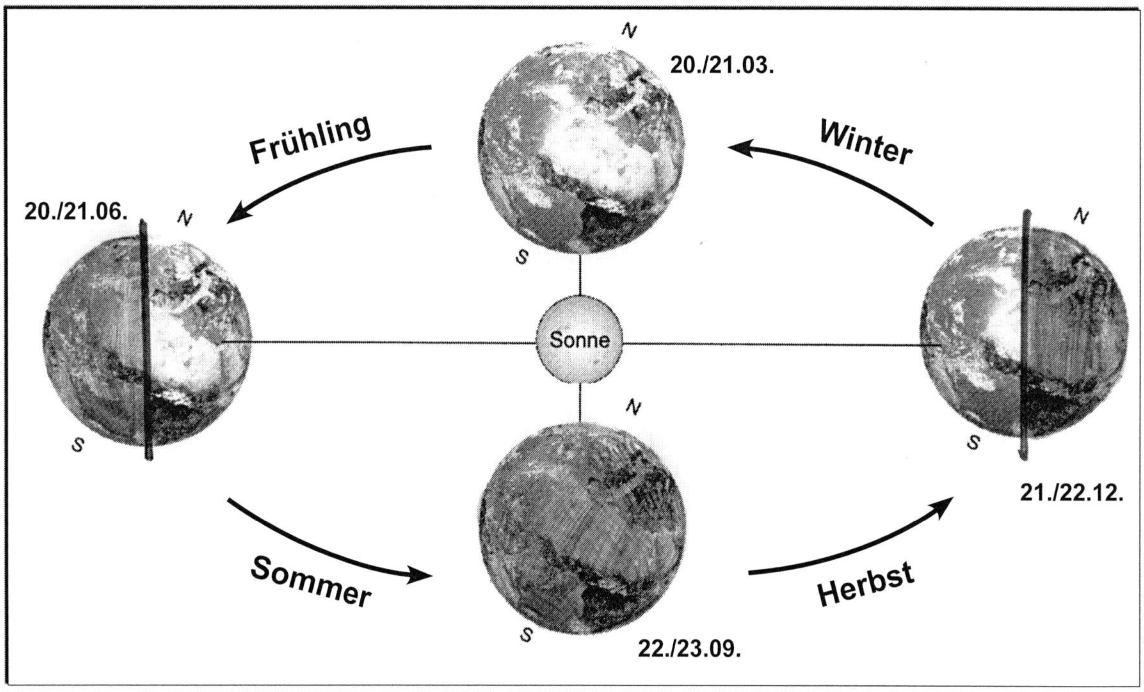

Der Frühling beginnt astronomisch – mit der Wissenschaft von den Himmelskörpern gesehen – mit der Frühlings-Tagundnachtgleiche. Das bedeutet, Tag und Nacht sind zu diesem Zeitpunkt ungefähr gleich lang. Auf der nördlichen Welthalbkugel – hierzu gehört auch Europa – ist der Frühlingsanfang am 20. oder 21. März. Mittsommer ist der längste Tag und die kürzeste Nacht bei uns (21./22. Juni).

Der Herbst beginnt mit der Herbst-Tagundnachtgleiche (23. September). Mit der Wintersonnenwende am 21. oder 22. Dezember endet der Herbst bei uns. Zur Wintersonnenwende hat die Sonne den niedrigsten Stand. Es ist der kürzeste Tag und die längste Nacht bei uns und der Winterbeginn.

Im Frühjahr, lange bevor die Bäume ihr Laub bilden, ist der Boden vielerorts mit Frühblühern bedeckt. Der Frühling ist die Zeit, in der sich viele Tiere paaren und fortpflanzen.

Der Sommer ist die Zeit des Wachsens und Blühens. Die Bäume wachsen in die Höhe und werden breiter. Die Tierkinder werden langsam erwachsen.

Im Herbst verfärben sich die Blätter der Bäume und Sträucher. Die Natur bereitet sich auf den Winter vor. Überall findet man die Früchte der Pflanzen. Die Zugvögel verlassen uns.

Im Winter sind die Lebensbedingungen für Pflanzen und Tiere hart. Manche Tiere verbringen die kalte Jahreszeit im Winterschlaf. Andere haben weitere Maßnahmen entwickelt, um diese Jahreszeit zu überstehen.

KOHL VERLAG
Lernwerkstatt DER WALD IM JAHRESLAUF
Pflanzen & Tiere im Frühling, Sommer, Herbst und Winter – Bestell-Nr. 11 635

II. Die Jahreszeiten im Wald

EA

Aufgabe 4: *Zeichne die Jahreszeiten in die Kreise ein: Oben die der Meteorologen (Wetterkundler), unten die der Astronomen (Sternkundler). Male die Winterzeit blau, den Frühling grün, den Sommer gelb und den Herbst rot.*

Meteorologen

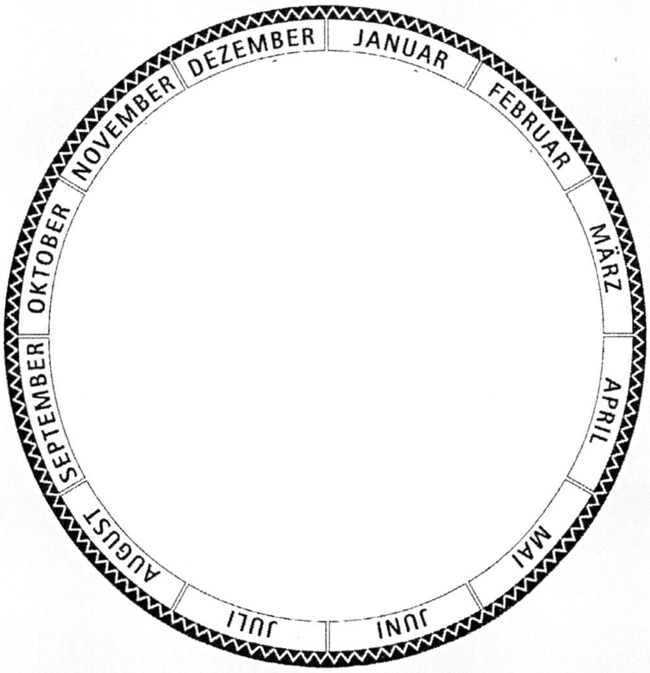

Astronomen

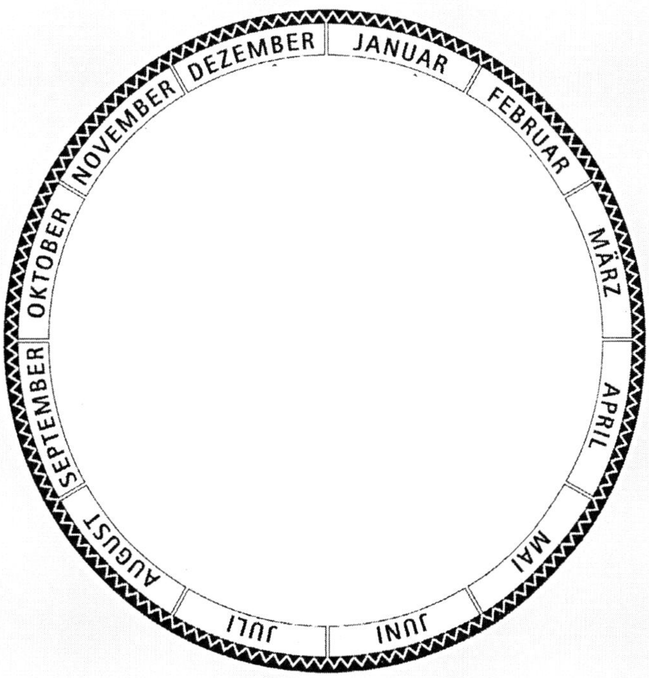

II. Die Jahreszeiten im Wald

Der Laubwald

In einem Laubwald wachsen z.B. Buchen, Eichen, Kastanien, Birken, Ahornbäume und Ebereschen. Ein Laubwald ist im Winter und zu Frühlingsbeginn kahl und hell, die Blätter werden jedes Jahr neu gebildet. Ein Laubbaum besteht aus Wurzel, Stamm und Krone.

EA

Aufgabe 5: *Schneide die Kärtchen aus und lege sie in die richtige Reihenfolge. Die Buchstaben ergeben ein Lösungswort.* ***Dort kann man wunderbar spielen!*** *Beginne mit dem Kärtchen „Im Frühjahr…". Klebe die Kärtchen zum Schluss in dein Heft/in deinen Ordner.*

Im Frühjahr braucht der Baum Nährstoffe, damit er Blätter und Blüten bilden kann. Die Nährstoffe hat er im Stamm gespeichert. **B**	Bäume haben eine innere Uhr. Die sagt ihnen, wann sie sich auf den Winter vorbereiten müssen. **M**
In der kalten Jahreszeit schlafen die Bäume. Aber sie bilden schon Knospen, aus denen im Frühjahr Blätter und Blüten entstehen. **S**	Wenn die Bäume ihre Blätter nicht abwerfen würden, müssten sie im Winter verdursten. **A**
Je kälter es wird, desto weniger Wasser nehmen die Bäume auf. So sterben die Blätter ab. **H**	Im Sommer hat der Baum eine volle grüne Krone mit vielen Blättern. Er spendet uns Schatten. **A**
Im Herbst sind die Früchte des Baumes reif. Er wirft sie ab. **U**	Durch die Blätter verdunstet viel Wasser. Wenn die Erde im Winter gefroren ist, kann der Baum aber kein Wasser aufnehmen. **U**

Lernwerkstatt DER WALD IM JAHRESLAUF
Pflanzen & Tiere im Frühling, Sommer, Herbst und Winter – Bestell-Nr. 11 635
KOHL VERLAG

II. Die Jahreszeiten im Wald

Der Nadelwald

Im Nadelwald ist es das ganze Jahr über ziemlich dunkel, da die Bäume ihre Nadeln nicht abwerfen. Je enger die Bäume zusammenstehen, desto weniger Licht erreicht den Waldboden. Pflanzen können in diesem trüben Licht kaum gedeihen. Man findet hier nur Moose, Farne, Pilze und Flechten.

Nadelwälder bieten dem Wild und den Vögeln guten Schutz. Auch im Winter sind die Tiere unter den Bäumen vor Schnee und Kälte geschützt.

Häufige Nadelbäume sind bei uns Fichte, Kiefer, Tanne und Lärche. Bei Nadelbäumen teilt sich der Stamm nicht in eine Krone aus Ästen und Zweigen. Er geht gerade hinauf bis zur Spitze. Die Äste stehen seitlich vom Stamm ab.

Im Frühjahr und Sommer wachsen die Nadelbäume genau wie die Laubbäume in die Höhe und die Breite. Viele Nadelbäume haben Zapfen, in denen sich die Samen entwickeln. Die Samen sind meist in den Zapfen eingeschlossen. Die Samen hängen an einem „Flügel“. Wenn sie aus den Zapfen fallen, fliegen sie mit dem Wind durch die Luft.

Auch die Nadeln der Fichte, Kiefer und Tanne müssen von Zeit zu Zeit erneuert werden. Dies geschieht jedoch vereinzelt und gleichmäßig über das Jahr verteilt, sodass es kaum auffällt.

PA

Aufgabe 6: *Kennt ihr unsere Nadelbäume? Lest den Text genau und ordnet die Bilder zu. Setzt die entsprechenden Buchstaben an den Text.*

Die Früchte der Tanne heißen Tannenzapfen und stehen aufrecht auf den Zweigen. Die Zapfenspindel bleibt an den Zweigen zurück.

Bei den Fichten hängen die Zapfen an den Ästen nach unten. Die Fichtennadeln sind spitz und wachsen rund um die Zweige.

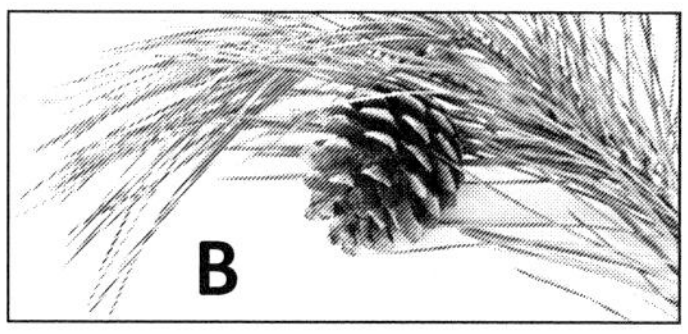

Die Lärche ist der einzige Nadelbaum, der im Herbst die Nadeln abwirft. Die Nadeln sind weich. Sie stehen in Büscheln.

Die Kiefer wird auch Föhre genannt. Die Zapfen sind zuerst grün und geschlossen, reifen und fallen erst nach drei Jahren ab.

II. Die Jahreszeiten im Wald

Jahreszeiten - Mandala

EA **Aufgabe 7:** *Male in das Mandala ein Bild zu jeder Jahreszeit im Wald.*

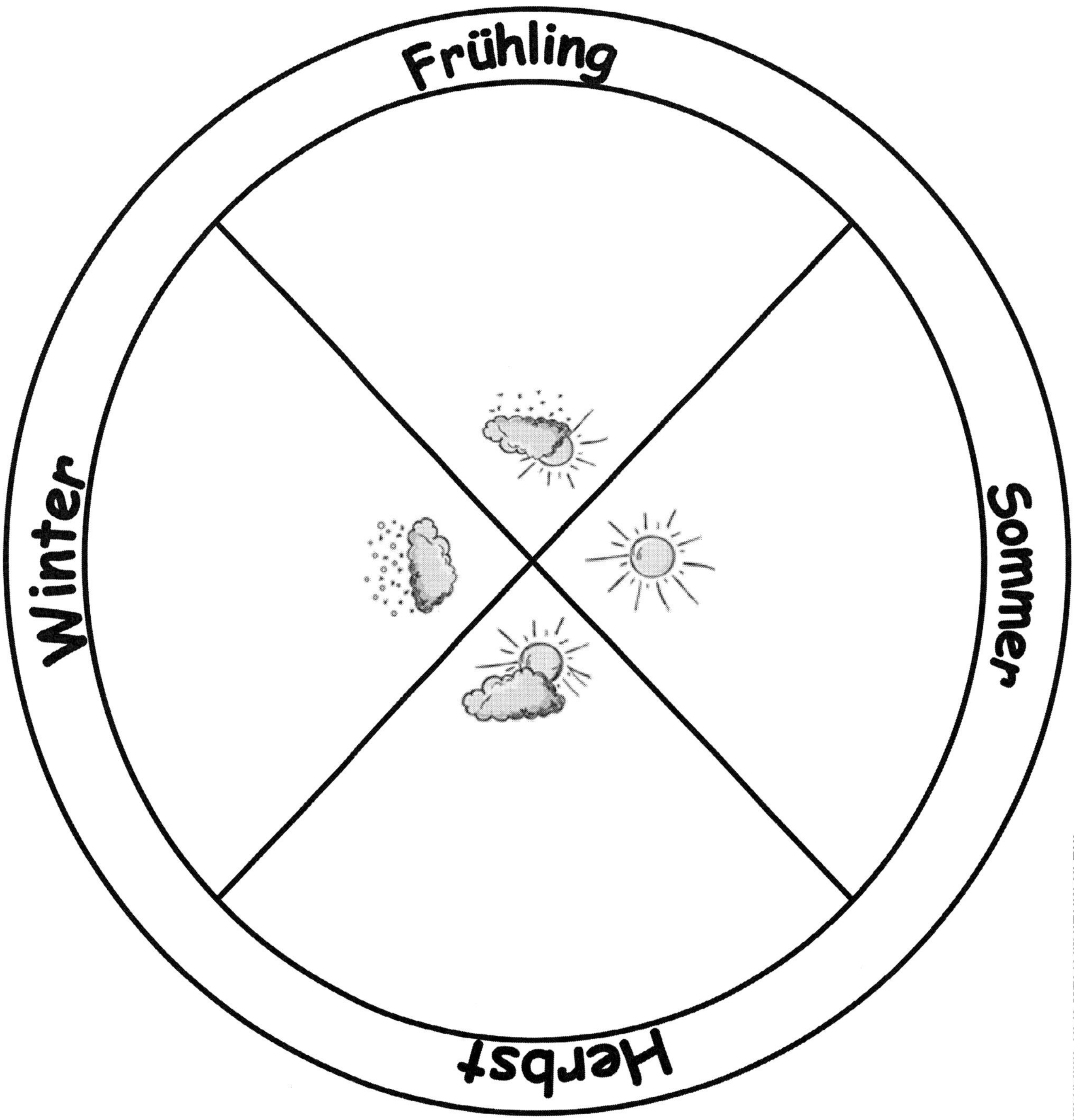

KOHL VERLAG
Pflanzen & Tiere im Frühling, Sommer, Herbst und Winter – Bestell-Nr. 11 635

III. Frühling

Frühblüher

Im Frühling scheint die Sonne wieder länger und wärmer. Der Schnee schmilzt, die Böden tauen auf und erwärmen sich. Der Wald erwacht! Vogelgezwitscher, das Rufen des Kuckucks und das Hämmern des Spechtes sind zu hören. Die Vögel paaren sich, brüten und ziehen ihre Jungen groß.

Zugvögel kehren aus dem warmen Süden zurück. Aus Insekteneiern schlüpfen Maden und Raupen und aus den Puppen die Schmetterlinge.

Die Frühblüher im Wald

Noch bevor die Blattknospen der Laubbäume anfangen zu sprießen, entfalten sich am Waldboden die Frühblüher. Schneeglöckchen, Buschwindröschen oder Veilchen bedecken den Waldboden manchmal wie ein Blütenteppich. Sie nutzen die Wärme, solange die Sonnenstrahlen noch durch die kahlen Äste auf den Boden fallen. Wenn die Bäume wieder neue Blätter haben, endet ihre Blütezeit.

PA

Aufgabe 1: *Schaut euch im Internet die verschiedenen Frühblüher an. Malt dann die Bilder mit den richtigen Farben an.*

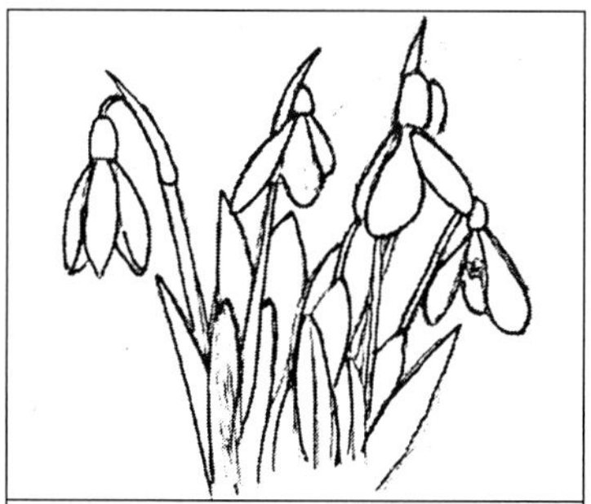

Schneeglöckchen

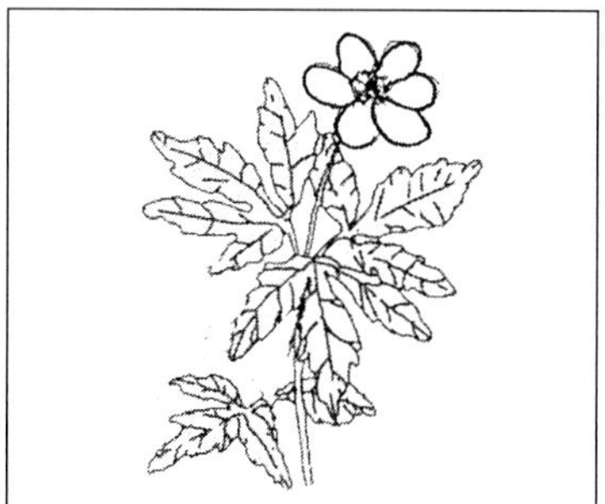

Buschwindröschen

Scharbockskraut

Veilchen

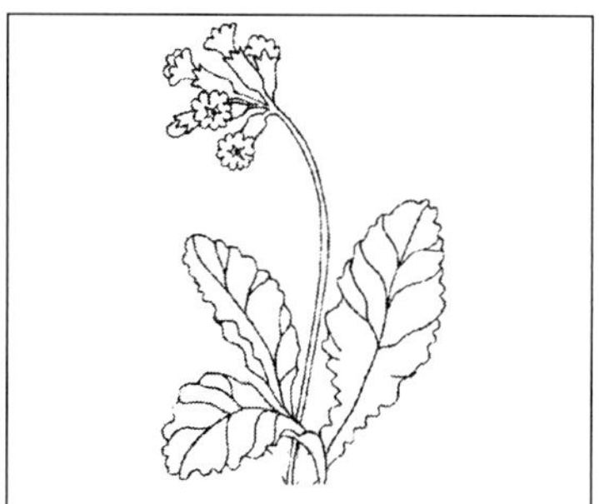

Schlüsselblume

Maiglöckchen

Lernwerkstatt DER WALD IM JAHRESLAUF
Pflanzen & Tiere im Frühling, Sommer, Herbst und Winter – Bestell-Nr. 11 635
KOHL VERLAG

Bäume & Photosynthese

Im März sind die Laubbäume noch ohne Blätter. Um neu austreiben zu können, brauchen sie Zucker (Glukose), Wasser und Licht. Werden nun die Tage länger und steigen die Temperaturen, wandeln die Bäume die vor dem Winter gespeicherte Stärke wieder in Zucker (Glukose) um. Die Knospen können nun austreiben, die „Bäume schlagen aus“, sagt man.

Als erster Laubbaum ergrünt bei uns die Birke. Sie ist an viel Licht und wenig Wärme gewöhnt. Die Buche braucht weniger Licht und mehr Wärme, also treibt sie etwas später aus. Als letztes bekommt bei uns die Eiche grüne Blätter: Sie hat von unseren Baumarten mit die höchsten Wärmeansprüche.

Neben den „normalen“ Knospen gibt es auch so genannte „schlafende“ Knospen. Sie bleiben länger geschlossen und öffnen sich erst nach unerwarteten Ereignissen, wie z.B. Spätfrösten oder wenn Insekten(-raupen) die Blätter gefressen haben. So sichern sie dem Baum das Überleben.

Die Blüten der Bäume können sehr verschieden sein – je nachdem, auf welche Art sie bestäubt werden. Die meisten Waldbäume werden durch Wind bestäubt. Ihre Blüten sind daher eher unscheinbar. Bäume, die durch Insekten bestäubt werden – wie die Kastanie – bilden sehr auffällige, farbige und oft auch duftende Blüten aus, um die Insekten anzulocken.

Warum sind Bäume so wichtig für uns? – Die Photosynthese

Alle grünen Pflanzen betreiben „Photosynthese“. Das bedeutet: Aus dem Gas Kohlendioxid, das in der Luft enthalten ist, können Pflanzen mit Hilfe von Sonnenlicht und Wasser Zucker und Sauerstoff herstellen. Den Zucker brauchen sie zum Wachsen, den Sauerstoff geben sie wieder an die Luft ab. Sauerstoff brauchen alle Tiere und auch wir Menschen zum Leben. Das Geheimnis der Photosynthese steckt im grünen Farbstoff der Blätter. Er heißt „Chlorophyll“ und ist dafür zuständig, der Luft das Kohlendioxid zu entziehen.

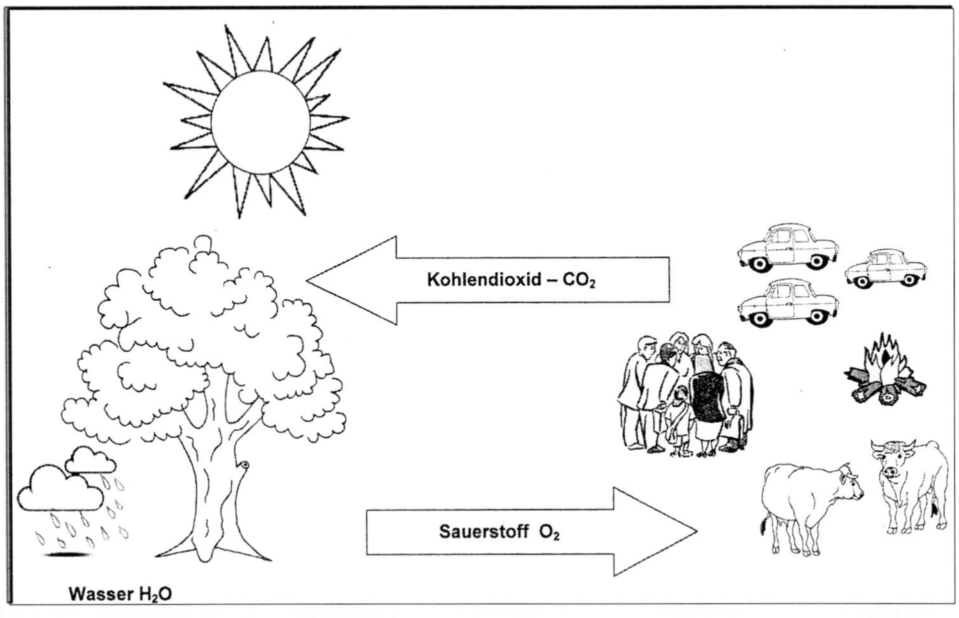

III. Frühling

Baumblüte

Entwicklung der Bäume – Beispiel Rotbuche

Die Blütezeit der Rotbuche liegt zwischen April und Mai. Die Knospen der Rotbuche sehen aus wie kleine rotbraune Pfeile. Aus ihnen entwickeln sich die jungen Triebe mit Blüten, Blättern und im Laufe des Jahres auch den Knospen für das nächste Jahr.
Die männlichen Blüten hängen lang herab. Die weiblichen Blüten findet man einzeln oder zu zweit aufrecht am Triebende. Die männlichen Blütenstände enthalten den Blütenstaub (Pollen). Durch den Wind wird dieser auf die weiblichen Blüten übertragen. Die Pollen befruchten die Fruchtstände. Die späteren Bucheckern bilden sich.

Einhäusige, zweihäusige und zwittrige Blüten

Bei der Rotbuche befinden sich getrennte weibliche und männliche Blüten auf demselben Baum. Man bezeichnet sie daher als einhäusig.
Andere Baumarten, wie die Kastanie, besitzen zwittrige Blüten. Das heißt, dass diese Blüten sowohl weibliche als auch männliche Samenanlagen besitzen.
Sind auf einem Baum jedoch ausschließlich weibliche oder ausschließlich männliche Blüten „zu Hause“, spricht man von Zweihäusigkeit.
Die Befruchtung der Blüten kann bei den Bäumen durch Insekten oder durch den Wind erfolgen.

einhäusig z.B. Buche | zwittrig z.B. Kastanie | zweihäusig z.B. Weide

EA **Aufgabe 2:** *Markiere im Text oben und in den Bildern weiblich mit rotem, männlich mit blauem Farbstift.*

EA **Aufgabe 3:** *Finde heraus: Wie sind die meisten Nadelbaum-Arten? Einhäusig, zweihäusig oder zwittrig?*

In der Biologie verwendet man oft folgende Zeichen:

weiblich männlich

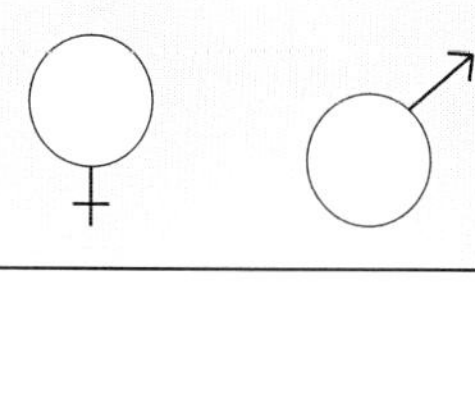

III. Frühling

Tiere im Frühling

Der Frühling kündigt sich an, wenn die Zugvögel, die die kalte Jahreszeit in wärmeren Ländern verbracht haben, zu uns zurück kehren. Zudem erwachen im Frühling viele Tiere aus dem Winterschlaf (z.B. Igel und Fledermaus), der Winterruhe (z.B. Dachs und Eichhörnchen) oder Winterstarre (z.B. Eidechsen oder Frösche). Sie werden zwischen März und April alle wieder richtig munter und gehen auf Nahrungssuche. In der Tierwelt wird nun geturtelt und gebalzt. Die Männchen führen Tänze auf, sie singen oder plustern sich auf, tragen Kämpfe mit ihren Rivalen aus und lassen nichts unversucht, um sich paaren zu können. Ab März beginnt die Paarungszeit der Vögel, die sich schnell auf die Suche nach einem geeigneten Nistplatz machen.

Im Frühling ist es auch wieder warm genug für Insekten und Kleintiere. Bald schwirren, brummen, krabbeln und summen sie umher. Zu den bekanntesten Frühlingsboten zählen der Maikäfer und der Marienkäfer. Aber auch andere Tierchen kann man nun wieder öfters sehen, wie Bienen, Schmetterlinge oder Hummeln. Sie haben eine sehr wichtige Aufgabe zu erfüllen: Sie fliegen zu den Blüten, um zum süßen Nektar zu gelangen, und sorgen dabei für die Bestäubung der Pflanzen.

PA

Aufgabe 4: *Auf dieser Seite seht ihr 5 Waldtiere, die im Frühjahr geboren sind. Wählt ein Bild aus und schreibt eine kleine Geschichte dazu: Kaninchen vor ihrem Bau; Mutter Blaumeise füttert ihre Jungen; Eichhörnchen erkundet die Wiese; Füchslein macht einen Geschmackstest….*

Lernwerkstatt DER WALD IM JAHRESLAUF
Pflanzen & Tiere im Frühling, Sommer, Herbst und Winter – Bestell-Nr. 11 635
KOHL VERLAG

III. Frühling

Aufgabe 5: EA

a) *Wer erwacht aus dem Winterschlaf? Notiere die Namen der Tiere. Markiere dann die Winterschläfer grün.*

b) *Wer beendet die Winterruhe und wird wieder munter? Schreibe die Namen unter die Tiere. Markiere dann die Winterruher blau.*

Aufgabe 6: EA

Welche wichtige Aufgabe erfüllen die Insekten im Frühling?

Aufgabe 7: EA

Wer macht was? Schneide die Kärtchen aus und klebe sie untereinander auf ein Blatt. Schreibe dann den Namen und das Zeitwort (Verb) im ganzen Satz zum richtigen Tierchen. Achte auf Einzahl und Mehrzahl.

Maikäfer krabbeln – Schmetterlinge flattern – Grillen zirpen – Hummel brummen – Bienen summen – Marienkäfer fliegen – Raupen kriechen – Libellen schwirren

Lernwerkstatt DER WALD IM JAHRESLAUF
Pflanzen & Tiere im Frühling, Sommer, Herbst und Winter – Bestell-Nr. 11 635
KOHL VERLAG

IV. Sommer

Wachstum & Jahresringe

Bis zum Sommer bilden die Laubbäume ein dichtes Blätterdach, sodass es auch an heißen Sommertagen schön kühl im Wald ist. Der Sommer ist die wärmste der vier Jahreszeiten. Es wächst und gedeiht alles im Wald. Im Frühjahr hat das Wachstum der Bäume bereits begonnen. Im Sommer geht es nun weiter. Der Spross wächst in die Höhe, die Triebe in die Länge, der Stamm in die Breite.

Was geschieht da genau?

Das Längenwachstum beginnt an den Spross- und Zweigenden. Aus diesen Teilen entwickeln sich neue Triebe, die mit der Zeit verholzen. Durch das Wachstum nehmen Baumstamm und Äste von Jahr zu Jahr an Dicke zu, es bildet sich jedes Jahr ein sogenannter „Jahresring“. Dafür ist eine Schicht zwischen Rinde und Holz verantwortlich – das Kambium. Aber nicht nur über der Erde laufen diese Vorgänge ab. Um die Standfestigkeit der Bäume und ihre ausreichende Versorgung mit Wasser und Nährstoffen zu sichern, müssen auch die Wurzeln wachsen. Sie tun dies genauso wie die Baumkrone.

Sobald die Blätter erschienen sind, beginnen sie mit ihrem Blattgrün Chlorophyll, dem Kohlendioxyd aus der Luft, dem Wasser und mit Hilfe der Sonne Zucker herzustellen. Diesen Vorgang nennt man Photosynthese. Sie werden zur Bildung von Holz und Rinde benötigt. Durch das Leitungssystem des Baums gelangen diese Stoffe überall hin, damit der Baum höher und dicker wachsen kann.

EA **Aufgabe 1:** *Beantworte die folgenden Fragen in ausführlichen Sätzen in deinem Heft/Ordner.*

a) Was braucht der Baum zum Wachsen?

b) Woher bekommt der Baum, was er zum Wachsen braucht?

EA **Aufgabe 2:** *Zeichne einen Baum auf ein großes Blatt. Lasse rundum einen Rand von etwa 5 cm frei. Zeichne nun auf, wie und wo sich der Baum vergrößert. Male ihn anschließend bunt aus.*

Lernwerkstatt DER WALD IM JAHRESLAUF
Pflanzen & Tiere im Frühling, Sommer, Herbst und Winter – Bestell-Nr. 11 635
KOHL VERLAG

IV. Sommer

Brombeer- & Holunderstrauch

Brombeeren findet man sehr häufig im Wald und an den Waldrändern. Es sind Kletterpflanzen mit meist ganz schön stacheligen Zweigen. Zwischen Juni und August blüht der Strauch weiß bis zartrosa. Die Beeren färben sich von grün über rot nach schwarz. Die Früchte schmecken frisch lecker, man macht aber auch Marmelade, Gelee, Saft, Wein oder Likör daraus.

GA **Aufgabe 3:** *Findet ein Rezept für Brombeeren. Sammelt Früchte und probiert es aus.*

Holunder ist einer unserer häufigsten Sträucher. Du findest ihn im Wald oder auch am Waldrand. Von Mai bis in den Juli erscheinen bis zu 30 Zentimeter große Blüten mit vielen kleinen Einzelblüten. Sie duften frisch und süßlich. Im August und September beginnen die erst roten, später schwarzen „Beeren" zu reifen. Holunderbeeren sind roh giftig, man sollte sie vor Verzehr kochen.

GA **Aufgabe 4:** *Stellt* ***Holunderlimonade*** *her – es muss nicht immer Cola sein.*

Ihr braucht: etwa 12 Holunderblütendolden, 4 l Wasser, 6 Zitronen, 650 g Zucker

Zitronen heiß abspülen, etwas andrücken und in Scheiben schneiden. Den Holunder kurz mit kaltem Wasser abspülen und dann alle Zutaten in eine große Schüssel geben. Gut durchrühren und 5-6 Tage in die Sonne oder an einen anderen warmen Ort stellen. Öfters mal umrühren. Wenn sich Bläschen bilden, die Limonade durch ein Sieb geben und in Flaschen mit Schnappverschluss füllen. Dann einfach noch 1 Tag stehen lassen und danach in den Kühlschrank stellen, da sich sonst immer mehr Kohlensäure bildet.

IV. Sommer

Moose, Farne, Efeu

Moose

Moose wachsen nicht nur im Wald, sondern auch auf Wegen oder Mauern. Die Moospolster bestehen aus vielen einzelnen Pflänzchen, die eng beieinander wachsen. Weil es so dicht wächst, hält Moos natürlich auch schön warm. Die Vögel wissen das und bauen gerne ihre Nester mit Moosen.

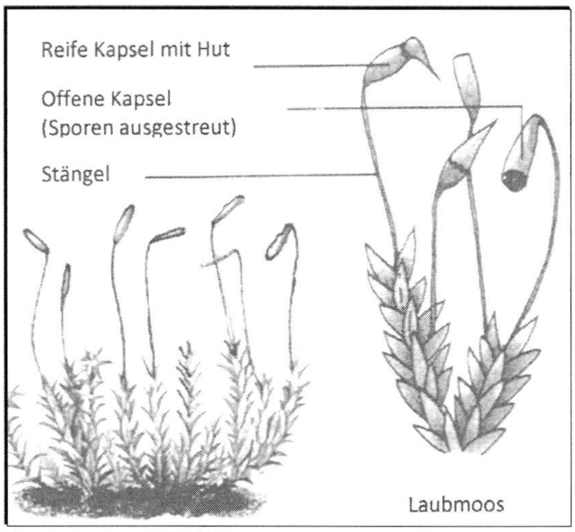

Pflanzen nehmen Wasser und Nährstoffe normalerweise über ihre Wurzeln auf. Bei den Moosen saugt die ganze Pflanze Feuchtigkeit auf, also auch die grünen Stiele und Blättchen. So können Moose Wasser besonders gut speichern.

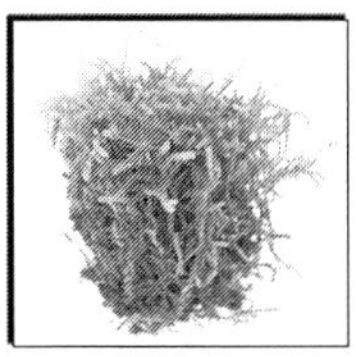

Moose blühen nicht. Manchmal kann man auf den grünen Polstern kleine Stiele mit Kapseln dran sehen. Darin sind die Sporen (Samen). Wenn sie reif sind, platzen die Kapseln. Die Sporen werden wie aus einem Salzstreuer ausgestreut. Aus ihnen wachsen dann wieder neue Moospflanzen.

Farne

Es gibt weltweit etwa 12 000 verschiedene Farne. In Mitteleuropa, also bei uns, sind es immerhin noch 200 Arten. Fast alle kommen nur an schattigen und feuchten Plätzen im Wald, in Felsspalten und Schluchten oder an Bachufern vor.

Farne haben große Blätter, die Wedel heißen. Junge Farnwedel sind an der Spitze eingerollt, weil die äußere Seite schneller wächst. Wenn die innere Seite wächst, entrollt sich das Blatt. Die zarten Blätter werden so vor Verdunstung geschützt. An der Unterseite der Wedel befinden sich die Sporenbehälter. Farne pflanzen sich nicht durch Samen, sondern durch Sporen fort. Die Sporen reifen meist zwischen Juli und November und werden vom Wind verbreitet.

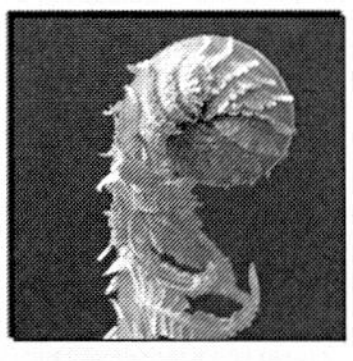

Manche Arten bleiben auch im Winter grün, das heißt, ihre Wedel sterben nicht ab: die Hirschzunge, der Rippen- und der Schildfarn.

Bei uns gibt es z.B. den Wurmfarn, Adlerfarn, Tüpfelfarn, Waldfrauenfarn und die Hirschzunge.

Lernwerkstatt DER WALD IM JAHRESLAUF
Pflanzen & Tiere im Frühling, Sommer, Herbst und Winter – Bestell-Nr. 11 635
KOHL VERLAG

IV. Sommer

Efeu

Der Efeu ist eine immergrüne, winterharte Pflanze. Durch seine Haftwurzeln kann er an Bäumen, Felsen und Mauern empor ranken. Er kommt besonders in Laubwäldern und Mischwäldern vor.

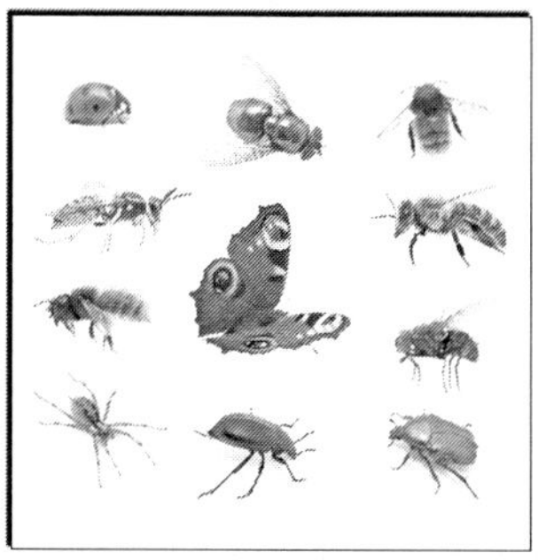

Der Efeu wurzelt im Boden, doch seine langen Ranken klettern oft weit auf die Bäume hinauf. Da der Efeu auch im Winter seine Blätter behält, mögen ihn die Tiere besonders, da er ihnen Schutz und Versteckmöglichkeiten bietet.

Baumstamm mit Moos und Efeu

EA

Aufgabe 5: *Beantworte die folgenden Fragen in vollständigen Sätzen. Schreibe in dein Heft/in deinen Ordner.*

a) Was können Moose besonders gut speichern? Nenne zwei Dinge!

b) Wie vermehren sich Farne und Moose? Blüten haben sie ja nicht. Berichte!

c) Wie nennt man die Blätter der Farne?

d) Welche Farnarten wachsen bei uns?

GA

Aufgabe 6: *Überlegt zusammen: Wer wohnt wohl gerne im Efeu?*

Wenn ihr Moose findet und sie Sporenkapseln tragen, könnt ihr ganz leicht selber Moos züchten: Öffnet die Kapseln über einer Schale mit feuchtem Torf und schüttelt die Sporen heraus. Deckt die Schale mit Frischhalte-Folie ab. Bald werden viele kleine, grüne Moospflanzen wachsen!

IV. Sommer

Tiere im Sommer

Wenn man einmal genauer hinsieht, kann man zur warmen Jahreszeit ganz schön viel entdecken – nicht nur in den Bäumen und Sträuchern, sogar am Boden: Hier tummeln sich Käfer, Raupen, Schmetterlinge und Ameisen, Schnecken, Regenwürmer und Spinnen.

Die Vögel zwitschern vor sich hin – für viele von ihnen hat im Frühsommer die zweite Brutphase begonnen: Die Weibchen legen ein zweites Mal in diesem Jahr Eier und ziehen – oft gemeinsam mit den Männchen – ihre Jungen auf. Im Sommer sind die ersten Vogeljungen „flügge“ und können sich ihre Nahrung selbst besorgen. Auch Mäuse, Kaninchen und Hasen bringen mehrmals Junge zur Welt.

Für einige Tiere ist aber nicht der Frühling, sondern der Sommer die Zeit der Paarung. So paaren sich zum Beispiel Rehe im Hochsommer bis hin zum Herbst. Die Weibchen tragen ihre Jungen über den Winter hinaus aus und gebären sie erst im nächsten Frühling.

An den Laub- und Nadelbäumen entwickeln sich die Früchte und Zapfen.

EA

Aufgabe 7: *Purzelsätze zum Thema Sommer im Wald. Schneide die Kärtchen für einen Satz aus. Ordne sie und klebe sie richtig in dein Heft/in deinen Ordner. Denke an den Punkt am Ende.*

1	zweiten Mal – brüten – zum – die Vögel.
2	im – Rehe – paaren sich – Sommer.
3	Schmetterlinge – aus – werden – Raupen.
4	die wärmste – der Sommer – ist – Jahreszeit.
5	in die Höhe – Bäume – und – wachsen – in die Breite.
6	am Waldrand – finden wir – und – Brombeeren – im Wald.
7	sehr gut – Moose – speichern – Wasser – können.
8	Efeu - und Mauern – hinauf - Bäume – klettert.
9	bleiben – im Winter – einige – grün – Farne – auch.
10	unterwegs – im Sommer – Insekten – sind – viele.

Schmetterlinge-Suchspiel

EA

Aufgabe 8: *Ganz schön was los bei den Schmetterlingen!*
Male gleiche Paare an. Welcher Schmetterling bleibt übrig?

Lernwerkstatt DER WALD IM JAHRESLAUF
Pflanzen & Tiere im Frühling, Sommer, Herbst und Winter – Bestell-Nr. 11 635
KOHL VERLAG

IV. Sommer

Kleine Waldtiere im Sommer – Würfelspiel

Ihr benötigt: Spielplan, 32 Kärtchen, Würfel, Spielfiguren

So geht es: Es spielen 4 - 5 Kinder. Die Kärtchen werden ausgeschnitten. Jeder Spieler bekommt eine Spielfigur, es wird reihum gewürfelt. Wer auf ein Feld mit einem Bild kommt, darf sich die passende Karte nehmen. Ziel des Spiels ist es, viele Tierpaare zu sammeln.

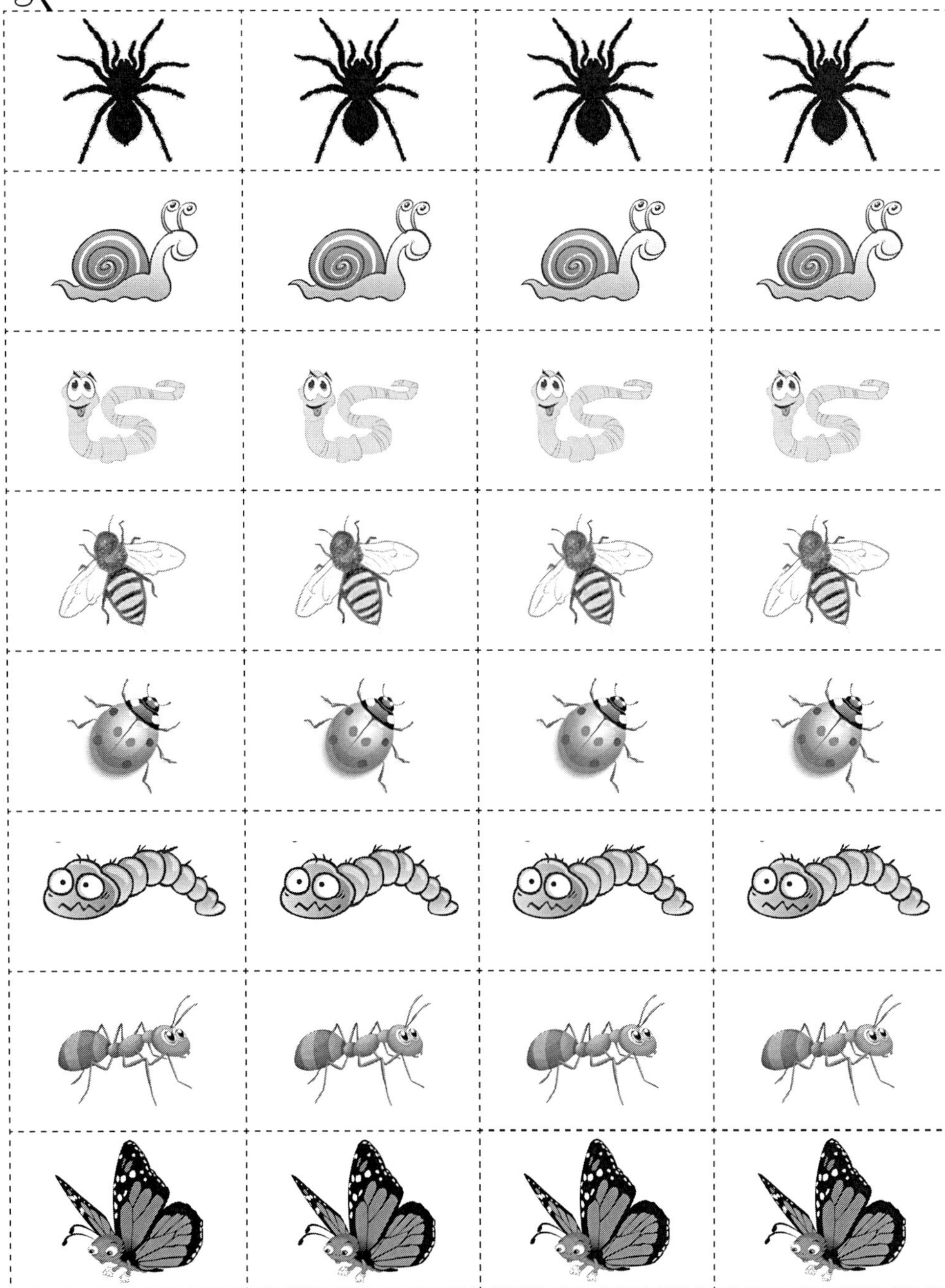

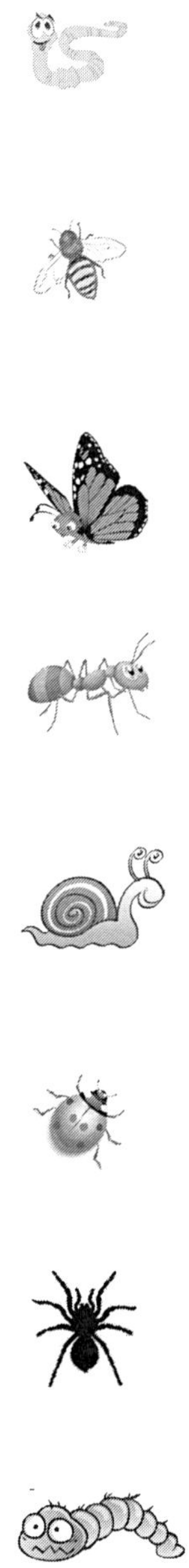

Lernwerkstatt DER WALD IM JAHRESLAUF
Pflanzen & Tiere im Frühling, Sommer, Herbst und Winter – Bestell-Nr. 11 635
KOHL VERLAG

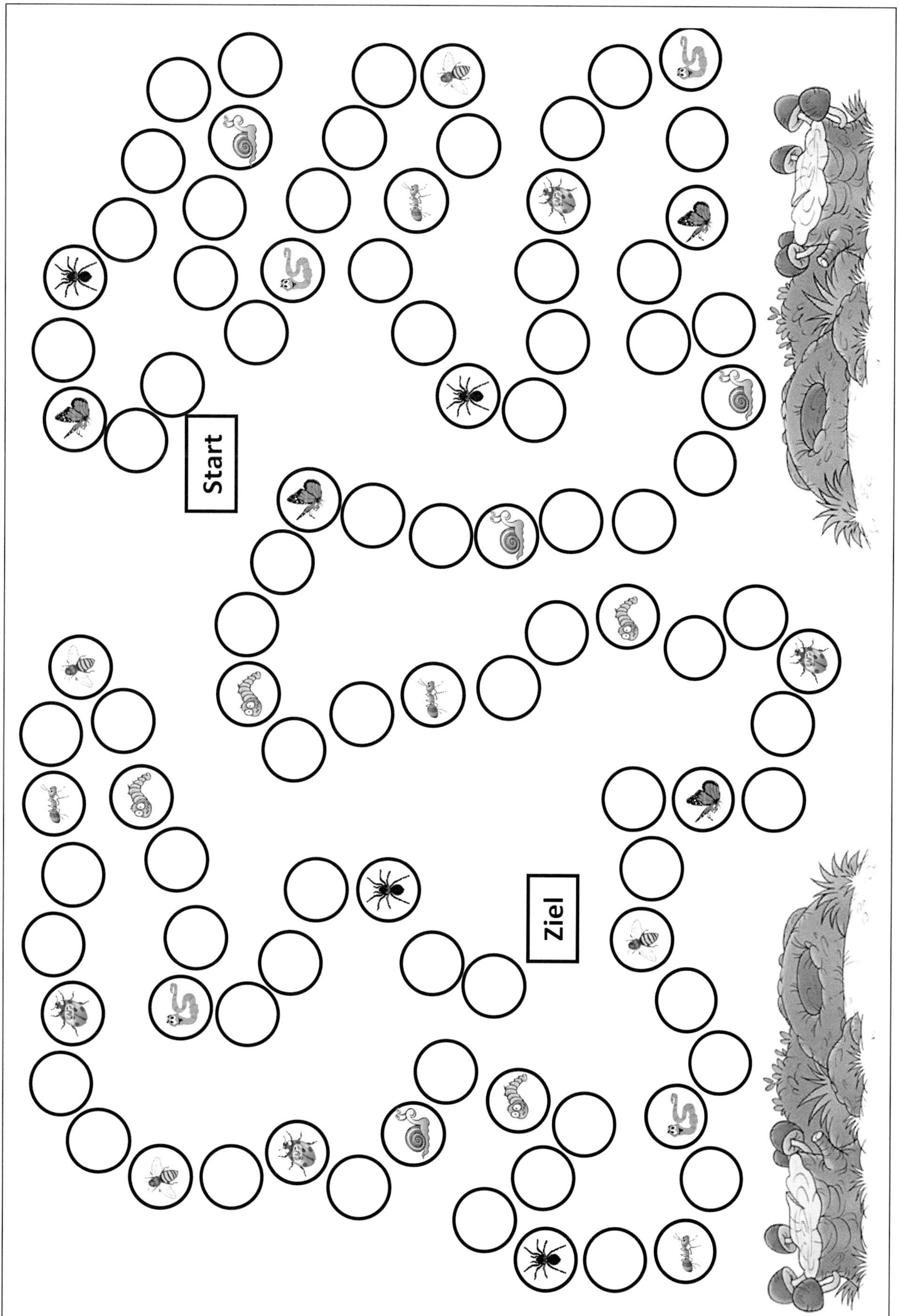

TIPP Der Spielplan wird auf DIN A3 vergrößert.

KOHL VERLAG
Lernwerkstatt DER WALD IM JAHRESLAUF
Pflanzen & Tiere im Frühling, Sommer, Herbst und Winter – Bestell-Nr. 11 635

V. Herbst

Laubbäume

Im Herbst werden die Tage wieder deutlich kürzer und die Nächte länger. Pflanzen und Tiere bereiten sich auf den Winter vor. Bäume und Sträucher bilden Samen und Früchte aus. Die Tiere (z.B. Eichhörnchen, Waldmaus und Eichelhäher) legen Vorräte an, und schließlich verfärben sich die Blätter der Laubbäume in den schönsten Farben. Auch die Zeit der Pilze ist gekommen.

Mit abnehmender Tageslänge verringern sich auch Licht und Wärme. Das Wachstum lässt nach. Energie und Zucker werden bei den Bäumen daher in der Rinde, im Holz und in den Wurzeln eingelagert. Die Nährstoffe werden aber auch in den Samen und Früchten gespeichert.

Die Tiere sammeln und vergraben Samen und Früchte und tragen so zur Fortpflanzung der Pflanzen bei. Andere Baumarten nutzen dafür den Wind. So haben die Samen von Birke und Ahorn kleine Flügel, die sie 100 und mehr Meter weit tragen.

Während Laubbäume im Herbst ihre Blätter verlieren, behalten fast alle Nadelbäume ihr grünes Kleid. Eine Wachsschicht schützt ihre Nadeln vor der Austrocknung während der kalten Wintermonate. Lediglich den Lärchennadeln fehlt diese Schutzschicht, weshalb auch sie im Herbst vollständig abgeworfen werden.

Doch auch die Nadeln der Fichte, Kiefer und Tanne müssen von Zeit zu Zeit erneuert werden. Dies geschieht jedoch vereinzelt und gleichmäßig über das ganze Jahr verteilt.

Warum färben sich die Blätter der Bäume?

Die Bäume bereiten sich im Herbst auf die kalte Jahreszeit vor. Der „Blattfarbstoff“ Chlorophyll wird abgebaut und andere Farbstoffe werden gebildet. Es entsteht eine Korkschicht zwischen Ast und Blatt. Das Blatt wird nicht mehr mit Nährstoffen und Wasser versorgt und fällt schließlich ab.

Warum werfen Laubbäume ihre Blätter ab?

Ohne Blätter braucht der Laubbaum kaum Wasser. Mit jedem Blattabwurf sorgen die Bäume selbst dafür, dass ihnen im nächsten Frühjahr genügend Nährstoffe zur Verfügung stehen. Dabei helfen ihnen unzählige winzig kleine Bodenarbeiter, die das Laub der Bäume unermüdlich in Humus verwandeln - also guten, nährstoffreichen Boden.

KOHL VERLAG
Lernwerkstatt DER WALD IM JAHRESLAUF
Pflanzen & Tiere im Frühling, Sommer, Herbst und Winter – Bestell-Nr. 11 635

V. Herbst

Bodenbewohner und ihre Arbeit

Für diese Aufgabe braucht ihr eine kleine Schaufel, ein Glas mit Schraubdeckel, eine Lupe, Block und Bleistift.

Auf einem Spaziergang in den Wald grabt ihr ein Loch in den Boden. Dann gebt einige Schaufelspitzen Erde in euer Glas. Darin lassen sich die verschiedensten Lebewesen entdecken, die dafür verantwortlich sind, dass aus dem alten Laub wieder nährstoffreicher Waldboden wird.

So verändert sich das Blatt nach der „Behandlung" der Bodenbewohner:

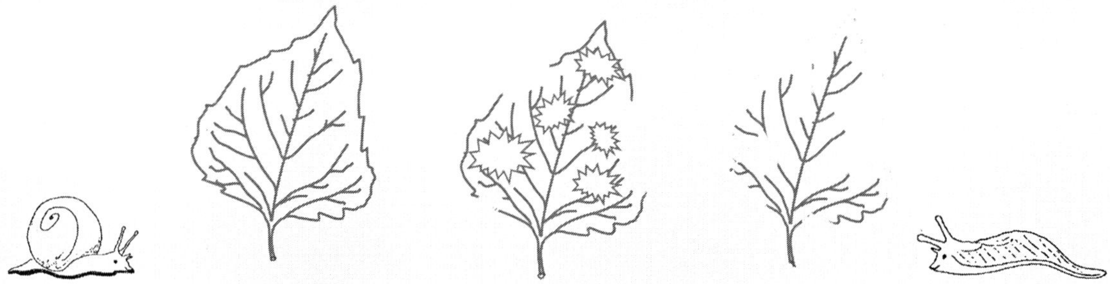

PA

Aufgabe 1: *Vielleicht könnt ihr diese fleißigen Arbeiter entdecken. Malt auf, was ihr gefunden habt und schreibt den Namen dazu.*

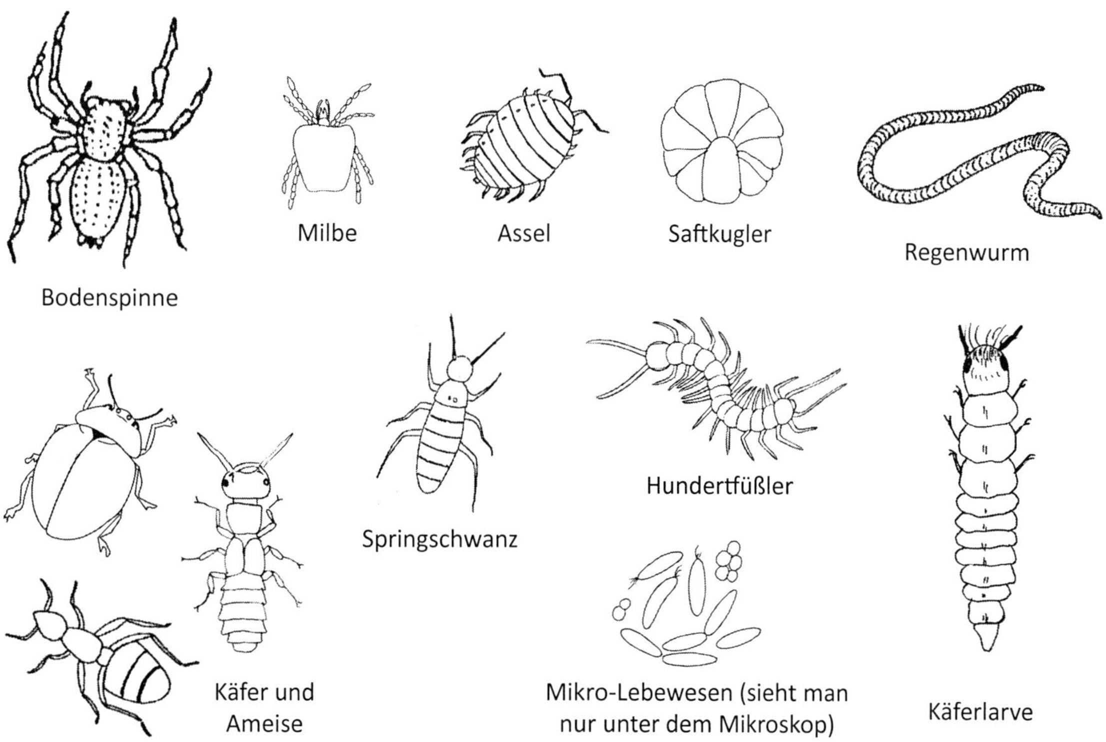

Lernwerkstatt DER WALD IM JAHRESLAUF
Pflanzen & Tiere im Frühling, Sommer, Herbst und Winter – Bestell-Nr. 11 635
KOHL VERLAG

V. Herbst

Früchte und Blätter

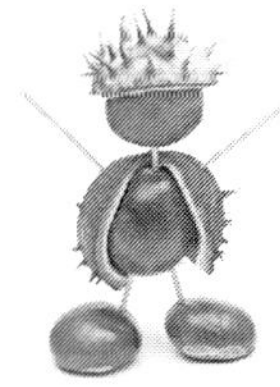

PA

Aufgabe 2: *Kennt ihr euch aus? Schneidet die Kärtchen aus und klebt zu jedem Baum das passende Blatt und die richtigen Früchte.*

	Kastanie	Eiche	Ahorn
Blätter			
Früchte			

	Buche	Eberesche	Birke
Blätter			
Früchte			

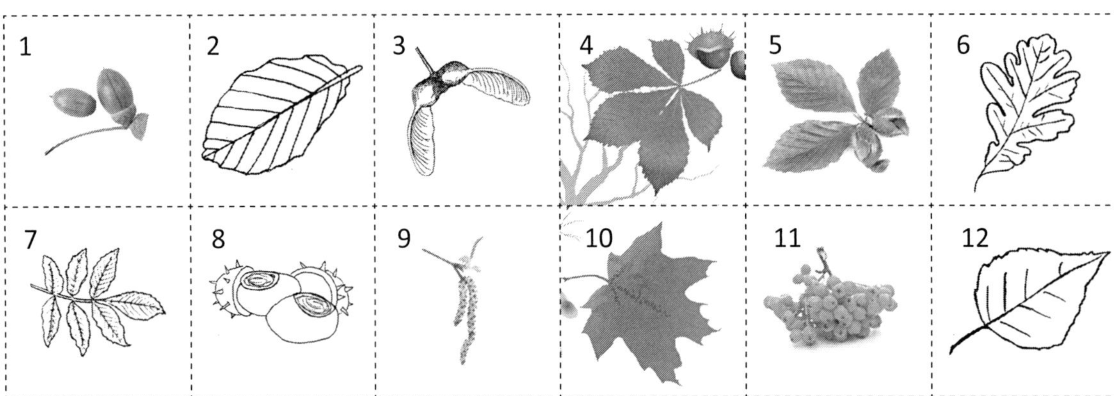

Lernwerkstatt DER WALD IM JAHRESLAUF
Pflanzen & Tiere im Frühling, Sommer, Herbst und Winter – Bestell-Nr. 11 635

V. Herbst

Wir basteln einen Herbstbaum

Während eines Spaziergangs durch den herbstlichen Wald (oder Park) lässt sich wundervolles Bastelmaterial finden: Eicheln, Kastanien, Zapfen, Bucheckern, ein paar besonders schöne Blätter, ein wenig Moos...

Ihr braucht:

- eine ganz dicke Pappe, etwa DIN A 4
- ein Blatt DIN A 4 zum Vorzeichnen
- Bleistift, Radiergummi, Schere, Alleskleber
- Eicheln, Kastanien, Bucheckern und deren Schalen
- verschiedene Zapfen
- einige Stückchen Baumrinde für den Stamm
- 1 - 2 trockene, schöne Blätter
- ein kleines Büschel Moos

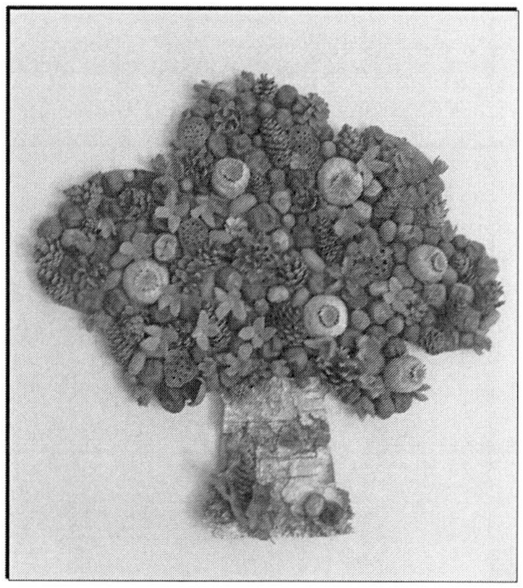

So geht es:

- zeichnet den Baum auf eurem Blatt vor (er muss nicht genau so aussehen wie die Vorlage links)
- zeichnet ihn genauso auf die Pappe
- schneidet beides aus
- bestreicht den Stamm der Pappe mit Alleskleber und drückt die Rindenstücke fest an
- auf eurem Blatt ordnet ihr nun eure Kastanien, Eicheln, Zapfen usw. zu einem schönen Bild
- nun wird ein Teil der Baumkrone auf der dicken Pappe mit Kleber bestrichen
- klebt die Baumfrüchte wie auf eurem Blatt auf
- so gestaltet ihr Teil für Teil die Baumkrone
- wenn alles gut getrocknet ist (am besten am nächsten Tag) klebt ihr auf den Stamm noch ein wenig Moos und vielleicht einige Blätter an

Lernwerkstatt DER WALD IM JAHRESLAUF
Pflanzen & Tiere im Frühling, Sommer, Herbst und Winter – Bestell-Nr. 11 635
KOHL VERLAG

V. Herbst

Herbstzeit ist Pilz-Zeit

Pilze sind sehr verbreitet und gedeihen fast überall. Die bekanntesten Pilze leben im Waldboden, sie gedeihen jedoch auch auf Bäumen, zwischen Moos oder Laub.

Die Pilze, die wir an Baumstämmen oder am Waldboden sehen, sind nur die Fruchtkörper des Pilzes. Der eigentliche Pilz wächst unter der Erde. Er besteht aus feinen, weißlichen Fäden, den Pilzfäden (Hyphen). Mehrere Pilzfäden bilden ein Knäuel. Das nennt man Myzel. Einige dieser Pilzarten bilden Lebensgemeinschaften (Symbiosen) mit den Wurzeln verschiedener Bäume (Mykorrhiza genannt), die sowohl für den Pilz als auch für den Baum von Vorteil sind. Der Pilz umschließt mit seinen Hyphen die Baumwurzeln. Das Pilz-Myzel kann Wasser und darin gelöste Nährstoffe viel besser aufnehmen als die Baumwurzel. Es versorgt damit den Baum. Der Baum seinerseits liefert dem Pilz Kohlenhydrate, Produkte seiner Photosynthese. Die meisten unserer Waldbäume leben zusammen mit einem Pilz.

Natürlich macht es Spaß, Pilze zu sammeln. Doch bevor ihr sie zubereitet und esst, solltet ihr euch auf jeden Fall bei einem erfahrenen Pilzsammler erkundigen, ob ihr nicht einen Giftpilz erwischt habt. Nicht alle Giftpilze sind tödlich wie der grüne Knollenblätterpilz, aber ganz schön übel könnte euch schon werden.

EA

Aufgabe 3: *Beschrifte die Teile des Pilzes:*

Fruchtkörper (Stiel und Hut)
Pilzfäden (Hyphen)
Pilzfadenknäuel (Myzel)

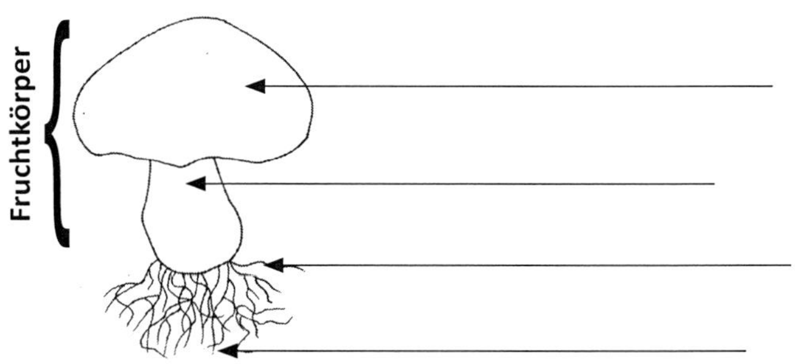

EA

Aufgabe 4: *Im Infotext stehen einige Fremdwörter. Notiere die deutschen Begriffe und erkläre, was sie bedeuten.*

Hyphen	
Myzel	
Symbiose	
Mykorrhiza	

Lernwerkstatt DER WALD IM JAHRESLAUF
Pflanzen & Tiere im Frühling, Sommer, Herbst und Winter – Bestell-Nr. 11 635
KOHL VERLAG

V. Herbst

EA

Aufgabe 5: *Louisa, Jan, Julia, Kai, Lotta und Max waren im Wald und haben Pilze gesammelt. Wer hat welchen gefunden? Welchen sollte man nicht essen? Schreibe in vollständigen Sätzen in dein Heft/in deinen Ordner.*

Louisa **Jan** **Julia** **Kai** **Lotta** **Max**

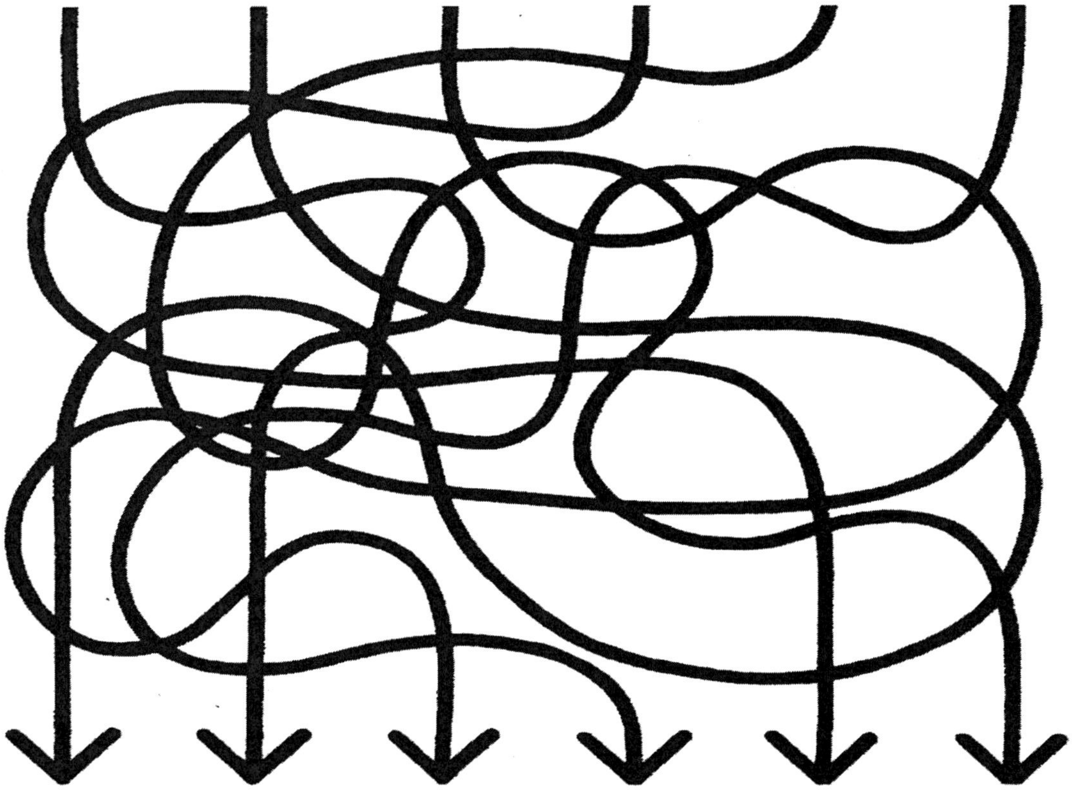

Pfifferlinge	Steinpilze	Morcheln	Fliegenpilze	Maronen	Satanspilze

Lernwerkstatt DER WALD IM JAHRESLAUF
Pflanzen & Tiere in Frühling, Sommer, Herbst und Winter – Bestell-Nr. 11 635
KOHL VERLAG

V. Herbst

Tiere im Herbst

Der Herbst ist für viele Tiere eine anstrengende Zeit. Jetzt müssen sie Vorbereitungen für den Winter treffen: Einige müssen Vorräte anlegen, andere müssen sich „satt fressen“, um sich auf den Winterschlaf vorzubereiten, und wieder andere – die Zugvögel – begeben sich auf ihre Reise in den Süden. Noch andere legen sich einen dicken Winterpelz zu.

Eichhörnchen müssen im Herbst viele Vorräte sammeln, denn sie halten keinen Winterschlaf, sondern nur eine Winterruhe. Sie wachen immer wieder mal auf und nehmen dann Nahrung zu sich, die sie im Herbst gesammelt und vergraben haben – wie etwa Nüsse, Eicheln oder Bucheckern. Nicht immer verbrauchen sie ihre gesamten Vorräte und so tragen sie dazu bei, dass sich einige Pflanzen vermehren.

Der Igel ist nun ebenso auf Nahrungssuche, um sich für den Winter ein gutes Speckpolster anzufuttern und während des Winterschlafes über genügend Reserven zu verfügen. Er muss sich auch ein geeignetes Quartier suchen, am liebsten in Laub- oder Reisighaufen, aber auch im dichten Gebüsch oder in Höhlen.

Der Herbst ist die Brunftzeit des Reh-, Rot- und Damwilds. Im Wald ertönen jetzt die so genannten Brunftschreie. Mit diesen Schreien wollen die Hirsche Weibchen anlocken, um sich zu paaren.

Die Familie der Hirsche gehört zu den Paarhufern. Die in unseren Wäldern am häufigsten lebenden drei Hirscharten sind die kleineren Rehe, das Damwild und das Rotwild. Alle drei unterscheiden sich in der Art ihres Geweihs, was die männlichen Tiere tragen. Der Rehbock trägt ein kleines Geweih. Beim Rothirsch ist es wesentlich größer. Je älter das Tier ist, desto verzweigter ist es. Der Jäger spricht vom Zwölfender, wenn es zwölf Spitzen hat. Das Geweih eines Damhirschs ist ein Schaufelgeweih. Am oberen Rand zeigt es ebenso mehrere Sprossen. Da Damwild etwas kleiner ist als das Rotwild sind auch die Geweihe etwas kleiner.

Aufgabe 6:

EA

Wer ist wer? Beschrifte richtig.

____________ ____________ ____________

Lernwerkstatt DER WALD IM JAHRESLAUF – Bestell-Nr. 11 635
Pflanzen & Tiere im Frühling, Sommer, Herbst und Winter
KOHL VERLAG

V. Herbst

EA

Aufgabe 7:

Das Eichhörnchen Paul erzählt von seinen Vorbereitungen für den Winter. Berichte in der Ich-Form. Schreibe in dein Heft/in deinen Ordner. Nutze dabei folgende Wörter:

vergraben – sammeln – Eicheln – Nüsse – Bucheckern – Kobel (Nest, Versteck) – schlafen – klettern

EA

Aufgabe 8:

Auch der Igel Lucki ist stark beschäftigt. Wo und wie findet er einen geeigneten Ort für seinen Winterschlaf? Und dann muss er auch noch ganz viel fressen, damit sein Fettpolster bis zum Frühjahr reicht. Erzähle, was Lucki macht.

Dachse leben in tiefen Höhlen unter der Erde. Sie bestehen aus Röhren und Kammern. Der Bau kann bis zu 30 m lang und 5 m tief sein und viele Jahrzehnte von Nachkommen der gleichen Dachsfamilie bewohnt werden. Der Bau wird mit Moos und Laub gepolstert und rein gehalten. Tagsüber halten sich die Dachse im Bau verborgen. Sie sind meistens in der Dämmerung und nachts unterwegs. Dachse legen sich im Herbst Winterspeck zu und schlafen in der kalten Jahreszeit viel – sie halten Winterruhe.

EA

Aufgabe 9:

Der kleine Dachs Diddie hat sich auf seiner Jagd nach Regenwürmern ganz schön weit vom Bau entfernt. Hilf ihm, den Rückweg zu finden.

EA

Aufgabe 10:

Ordne zu: Wer überwintert wo?

unterirdischer Bau/Höhle • Kobel/Nest • Laubhaufen/Höhle

Eichhörnchen = ______________________

Igel = ______________________

Dachs = ______________________

Lernwerkstatt DER WALD IM JAHRESLAUF
Pflanzen & Tiere im Frühling, Sommer, Herbst und Winter – Bestell-Nr. 11 635
KOHL VERLAG

VI. Winter

Der Wald schläft – oder doch nicht?

EA

Aufgabe 1: *Im Infotext fehlen doch im Text einige Wörter. Setze die folgenden Begriffe ein.*

Schnecken – Wildschweine – Tannen – schneit – Igel – Wurzelhöhlen – länger – Sträucher – selten – Laub – Winterruhe – Kaninchen – Früchten

Im Winter sind die Nächte ________________ als die Tage. Es wird schon am Nachmittag dunkel und nur ________________ scheint die Sonne. Es ist kalt und an vielen Tagen regnet oder ______________ es. Bäume und ________________ haben ihr Laub abgeworfen und nur Fichten, Kiefern und _______________ tragen ihr grünes Nadelkleid.
Vielen Tieren bietet der Wald im Winter Schutz in Baum- und _________________, im abgefallenen _______________ und nicht zuletzt im Boden. Dort haben sich viele Insekten, Würmer, _________________ , Frösche und Kröten, aber auch Eidechsen zur Winterstarre in die Tiefe zurückgezogen. Eichhörnchen und Dachse dagegen legen eine _____________________ mit längeren Schlafzeiten ein. Einen lang andauernden Winterschlaf (mit wenigen kurzen Unterbrechungen) halten z.B. der _______________ oder die Fledermaus. Viele Tiere halten sich zum Schutz vor der eisigen Kälte auf dem freien Feld gern im Schutz des Waldes auf: Rehe, _____________________ und Hasen. Fuchs, _________________________ und die Waldmaus haben Höhlen unter der Erde. Die Waldmaus und die Gelbhalsmaus, die im Wald noch häufiger anzutreffen ist, legen sich einen Vorrat von Samen und __________________ in ihrer Höhle an. Man trifft die Mäuse im Winter auch schon mal im Haus.

EA

Aufgabe 2: *Was bewohnen alle drei Tiere: die Maus, das Kaninchen und der Fuchs?*

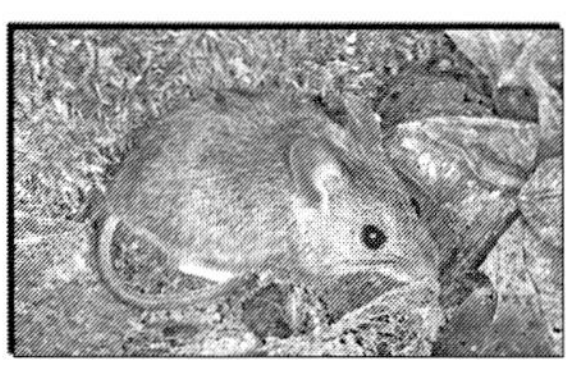

____

Lernwerkstatt DER WALD IM JAHRESLAUF
Pflanzen & Tiere im Frühling, Sommer, Herbst und Winter – Bestell-Nr. 11 635
KOHL VERLAG

VI. Winter

Fütterung der Waldtiere

Wenn der Winter lang und schneereich ist, haben es manche Tiere nicht leicht: Unter dichtem Schnee und bei gefrorenem Boden ist es schwierig, noch genug Nahrung zu finden. Doch Tiere bekommen ein dichtes Winterfell und bewegen sich nur, wenn es unbedingt nötig ist. So kommen sie auch mit wenig Futter aus. Rehe zum Beispiel begnügen sich auch mit Baumrinde, wenn das Gras unter dem Schnee nicht mehr erreichbar ist.

Das ist aber genau das Problem: Wenn Knospen und Rinde vom Wild angeknabbert werden, kann es passieren, dass junge Bäume aufhören zu wachsen und verkrüppeln. Deshalb werden in vielen Wäldern die Wildtiere gefüttert. Vielleicht hast du im Wald solche Futterstellen für Rotwild, Damwild oder Rehe schon gesehen. Meistens findest du eine Futterkrippe mit Heu vor, die regelmäßig nachgefüllt wird. Futterstellen für Wildschweine erkennst du an großen Mengen von Kastanien und Eicheln.

GA **Aufgabe 3:** *Doch die Fütterung von Wildtieren im Winter ist umstritten. Das hat mehrere Gründe. Erklärt die folgenden Aussagen mit euren Worten. Schreibt in eure Hefte/Ordner.*

a) Die natürliche Auslese wird gestört.

b) Winterfütterung kann die Waldschäden sogar verstärken. Je mehr Tiere den Winter überleben, desto mehr Tiere brauchen auch im Frühjahr wieder frisches Futter.

c) Wildtiere brauchen im Winter recht wenig Futter. Wieso?

GA **Aufgabe 4:**

Diskutiert in der Klasse:
Was kann man tun?
Was wäre sinnvoller als die Fütterung im Winter?

Lernwerkstatt DER WALD IM JAHRESLAUF
Pflanzen & Tiere im Frühling, Sommer, Herbst und Winter – Bestell-Nr. 11 635
KOHL VERLAG

VI. Winter

Überwinterung

Zugvögel haben es gut – die können, wenn es kalt wird, einfach dorthin fliegen, wo es wärmer ist. Viele Tiere können das aber nicht. Sie müssen andere Lösungen finden.

Winterschlaf – Echte Winterschläfer sind Igel, Fledermäuse, Siebenschläfer und Murmeltiere. Winterschlaf bedeutet aber nicht Tiefschlaf. Zwischendurch wachen die Tiere auch auf. Dann ändern sie ihre Schlafposition und geben Kot und Urin ab. Sie fressen aber nichts. Werden die Winterschläfer öfter gestört, kann das tödlich für sie sein. Das kostet sie viel Energie. Sie brauchen dann Futter und finden aber keins.

Winterruhe – Winterruhe halten Dachs, Eichhörnchen, Waschbär und Braunbär. Tiere, die Winterruhe halten, wachen häufiger auf und suchen gelegentlich nach Nahrung. Man sagt dem Eichhörnchen nach, dass es seine Vorräte nicht immer findet…

Winterstarre – In Winterstarre fallen Frösche, Eidechsen und Insekten. Wenn es sehr kalt wird, erstarren ihre Körper. Sie wachen erst wieder auf, wenn es wieder wärmer wird.
Insekten verstecken sich im Holz und in kleinen Ritzen. Sie haben etwas ganz Besonderes in ihrem Körper: eine Art Frostschutzmittel. Selbst wenn draußen Frost herrscht, friert ihre Körperflüssigkeit nicht ein, sondern bleibt flüssig. Marienkäfer überwintern gern hinter den Rinden der Bäume.

Winteraktive Tiere – Doch es gibt auch Tiere, die den Winter aktiv verbringen. Bei den Vögeln werden sie Standvögel genannt, dazu gehören Spatzen, Meisen, Amseln, Tauben und viele andere. Und im Wald sind auch im Winter Rehe, Hirsche, Wildschweine, Baummarder, Fuchs, Hase und Kaninchen unterwegs.

PA

Aufgabe 5: *Findet zu jeder Gruppe ein paar Tiere oder Tiergruppen.*

Zugvögel	Standvögel	Winterschläfer	Winterruher	Winterstarre	Winteraktive

EA

Aufgabe 6: *Erkläre mit deinen Worten, worin sich Winterschläfer und Winterruher unterscheiden.*

Lernwerkstatt DER WALD IM JAHRESLAUF
Pflanzen & Tiere im Frühling, Sommer, Herbst und Winter – Bestell-Nr. 11 635
KOHL VERLAG

VI. Winter

EA **Aufgabe 7:** *Verbinde die Sätze richtig. Male die Kästchen, die zusammengehören, mit der gleiche Farbe aus.*

Winterschlaf	**A** ○		○ **1**	Sie verlassen uns, weil sie Insektenfresser sind und bei uns im Winter keine Nahrung finden.
Winterruhe	**B** ○		○ **2**	Das sind Rehe, Rotwild, Damwild, Fuchs, Hase, Kaninchen, Baummarder und Standvögel.
Winterstarre	**C** ○		○ **3**	Den halten Igel und Fledermaus, aber auch Siebenschläfer und Murmeltier.
Zugvögel	**D** ○		○ **4**	Die halten Dachs und Eichhörnchen genau wie Waschbär und Braunbär.
winteraktive Tiere	**E** ○		○ **5**	Frösche, Eidechsen und Insekten verbringen so den Winter.

EA **Aufgabe 8:** *Stimmt es oder stimmt es nicht? Kreuze an.*

		richtig	falsch
1.	Die Fledermaus hält einen Winterschlaf.		
2.	Rehe und Hirsche bekommen ein dichtes Winterfell und werden von Förstern mit Heu, Kastanien und Rüben gefüttert.		
3.	Vögel, die im Winter in den Süden fliegen, nennt man Zugvögel.		
4.	Tiere, die einen Winterschlaf halten, wachen manchmal auf und fressen von ihren Vorräten.		
5.	Vögel, die im Winter bei uns bleiben, nennen wir Standvögel. Wir können sie am Futterhäuschen füttern.		
6.	Der Igel fällt im Winter in die Winterstarre.		
7.	Vögel schützen sich vor der Kälte mit einem warmen Pelz.		
8.	An den Spuren im Schnee kann man erkennen, welches Tier im Wald unterwegs war.		
9.	Das Eichhörnchen hält Winterschlaf. Es wacht manchmal auf und frisst von den Vorräten, die es im Herbst gesammelt hat.		
10.	Kaninchen, Hasen und Füchse sind winteraktive Tiere.		

Lernwerkstatt DER WALD IM JAHRESLAUF
Pflanzen & Tiere im Frühling, Sommer, Herbst und Winter – Bestell-Nr. 11 635
KOHL VERLAG

VI. Winter

Tierspuren

PA

Aufgabe 9: *Die Tiere im und am Wald hinterlassen ihre Spuren. Besonders gut kann man sie erkennen, wenn Schnee liegt. Setze die richtigen Namen an die Tiere und ihre Fährten.*

Hirsch – Baummarder – Wildschwein – Maus – Dachs –
Eichhörnchen – Rehbock – Hase – Vogel – Fuchs

a)

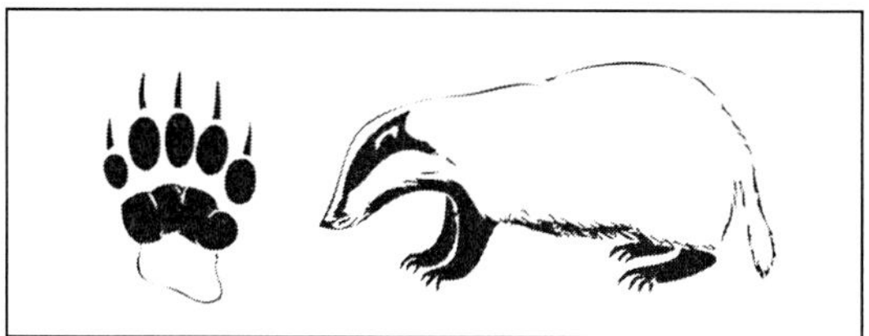

b)

c)

d)

e)

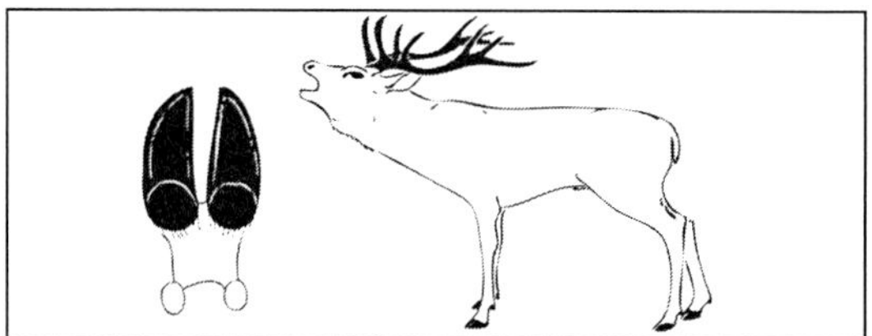

f)

g)

h)

i)

j)

KOHL VERLAG
Lernwerkstatt DER WALD IM JAHRESLAUF
Pflanzen & Tiere im Frühling, Sommer, Herbst und Winter – Bestell-Nr. 11 635

VI. Winter

EA

Aufgabe 10: *Male das Bild bunt an. Zeichne dann die Tierspuren zu den Wohnungen der Tiere ein. Wer wohnt im Baum, wer unter der Erde und wer in der Strauchschicht?*

VII. Waldwissen

Informieren, spielen, gestalten, puzzeln, zuordnen ...

EA

Aufgabe 1: *Du hast einige häufig vorkommende Waldbäume kennen gelernt. Alle haben bestimmte Blätter und Früchte. Schneide die Kärtchen mit den Texten, Bildern und Früchten aus. Füge zusammen, was zusammengehört und klebe es auf ein großes Blatt Papier.*

Die Buche

Die Buche ist der häufigste Laubbaum in deutschen Wäldern. Die Rotbuche hat ihren Namen von ihrem rötlichen Holz. Die Früchte (Bucheckern) sind essbar – enthalten aber eine kleine Menge der giftigen Blausäure. Die Rotbuche hat übrigens keine roten Blätter, sondern grüne!

Die Eiche

In unseren Regionen kommen überwiegend zwei Eichenarten vor: die Stiel- und die Trauben-Eiche. Sie sind gut durch ihre auffälligen Blätter zu erkennen. Die Eiche kann bis zu 1000 Jahre alt werden. Die Eicheln sind Nahrung für Wildschweine und viele andere Wildtiere.

Die Birke

Die Weiß- oder Hänge-Birke kommt in Deutschland am häufigsten vor. Birken zeigen als erste im Frühjahr ihr zartes Grün und gelten so als Sinnbild des Frühlingserwachens. Besonders leicht zu erkennen sind die Bäume durch ihre schwarzweiße Rinde.

Der Ahorn

In Deutschland gibt es drei Arten: Spitz-, Berg- und Feld-Ahorn. Mit bis zu 30 Metern wächst der Ahorn auf eine stattliche Größe an. Noch höher ist das Alter – 600 Jahre alt können die Bäume werden. Die Früchte des Ahornbaumes sind auch als „Ahornnasen" bekannt.

Lernwerkstatt DER WALD IM JAHRESLAUF
Pflanzen & Tiere im Frühling, Sommer, Herbst und Winter – Bestell-Nr. 11 635

VII. Waldwissen

Informieren, spielen, gestalten, puzzeln, zuordnen ...

Die Kastanie

Wir kennen zwei Arten: Die Rosskastanie ist ein mächtiger Baum mit großen, braunen Knospen. Entsprechend groß auch die Blütenstände (Kerzen) und die Blätter.

Die Esskastanie trägt essbare Früchte, die Maronen. Sie sind vor allem in der Winterzeit sehr beliebt.

Die Eberesche

Die Eberesche ist vor allem bei Vögeln beliebt. Die kleinen roten Beeren sind aber auch für viele Insekten und Säugetiere wichtige Nahrung. Daher nennt man den Baum auch Vogelbeerbaum oder Drosselbeere.

Die Fichte

Sie hat einen rotbraunen Stamm und dünne, spitze Nadeln. Die Zapfen der Fichte hängen an den Ästen nach unten und fallen ganz ab. Anhand ihrer Zapfen lässt sie sich leicht von der Tanne unterscheiden: Fichtenzapfen hängen am Ast herunter, Tannenzapfen wachsen dagegen aufrecht!

Die Kiefer oder Föhre

Der Baum wird etwa 40-50 m hoch. Die Nadeln sind lang und spitz. Sie sind drei bis sieben cm lang und stehen paarweise. Die Zapfen sind rundlich. Sie wird bis zu 200 Jahre alt. Der Stamm der Kiefer hat wenige Äste. Er ist rötlich bis graubraun mit tiefen Furchen.

Die Tanne/Weißtanne

Die Tanne kann 40-50 m hoch werden. Ihr Stamm hat eine weißgraue, glatte Rinde. Sie hat stumpfe, flache Nadeln, die an der Unterseite zwei weiße Streifen haben. Die Zapfen der Tanne stehen aufrecht und fallen nicht ab. Tannen können bis zu 600 Jahre alt werden.

Die Lärche

Sie wächst meist im Gebirge und wird etwa 30-50 m hoch. Sie ist der einzige Nadelbaum, der im Herbst die Nadeln abwirft. Die Nadeln sind kurz, weich und hellgrün. Sie stehen in Büscheln. Die Zapfen sind klein und rundlich. Lärchen können bis zu 600 Jahre alt werden.

VII. Waldwissen

Informieren, spielen, gestalten, puzzeln, zuordnen ...

KOHL VERLAG Lernwerkstatt DER WALD IM JAHRESLAUF Pflanzen & Tiere im Frühling, Sommer, Herbst und Winter – Bestell-Nr. 11 635

VII. Waldwissen

Informieren, spielen, gestalten, puzzeln, zuordnen ...

Ahorn	Eberesche
Kastanie	Eiche
Birke	Tanne
Fichte	Kiefer
Buche	Lärche

Waldbäume, Waldfrüchte und Waldtiere

EA

Aufgabe 2: *Die Früchte der Waldbäume sind wichtige Nahrung für die Tiere des Waldes. Setze ihre Namen aus den Silben zusammen Streiche alle Silben aus, die du verbraucht hast.*

A – bee – Bir –
Buch – chen –
chen – cheln –
ecker – Ei –
fen – fen –
fen – fen –
fern – Fich –
gel – horn –
kätz – Kas –
ken – Kie –
Lär – na –
nen – nien –
re – se – ta –
Tan – ten –
Vo – zap –
zap – zap –
zap

1.	
2.	
3.	
4.	
5.	
6.	
7.	
8.	
9.	
10.	

EA

Aufgabe 3: *Im Buchstabengitter findest du 12 Tiere, die im Wald leben. Markiere sie und schreibe sie rechts heraus.*

B	A	U	M	M	A	R	D	E	R	O	W
E	H	I	R	S	C	H	N	U	H	L	I
I	J	G	T	R	E	L	K	H	A	M	L
F	L	E	D	E	R	M	A	U	S	I	D
U	F	L	O	R	E	B	N	F	E	N	S
C	I	D	A	S	H	L	I	H	O	A	C
H	C	S	E	G	R	W	N	E	I	S	H
S	H	K	U	C	K	U	C	K	O	T	W
K	D	A	C	H	S	I	H	M	U	I	E
R	A	F	R	E	S	K	E	T	E	P	I
E	I	C	H	H	Ö	R	N	C	H	E	N

Lernwerkstatt DER WALD IM JAHRESLAUF
Pflanzen & Tiere im Frühling, Sommer, Herbst und Winter – Bestell-Nr. 11 635
KOHL VERLAG

VII. Waldwissen

Aufgabe 4: *Hier siehst du häufig vorkommende Bäume. Leider fehlen in ihren Namen einige Buchstaben. Setze sie richtig ein. Markiere dann die Laubbäume grün, die Nadelbäume rot.*

EA

Ei__he	**Buc__e**	**Kast__nie**	**Bi__ke**

F__chte	**L__rche**	**Tan__e**	**Kie__er**

	Ah__rn	**Ebere__che**	

Aufgabe 5: *In unseren Wäldern wachsen Laubbäume und Nadelbäume. So gibt es Laubwälder, Nadelwälder und Mischwälder.*

EA

- *Erkläre, welche Bäume wo wachsen.*
- *Nenne drei Bäume zu jedem Wald.*

Lernwerkstatt DER WALD IM JAHRESLAUF
Pflanzen & Tiere im Frühling, Sommer, Herbst und Winter – Bestell-Nr. 11 635
KOHL VERLAG

VII. Waldwissen

Weitere Waldpflanzen

EA

Aufgabe 6: *Aber ein Wald besteht ja nicht nur aus Bäumen. Es gibt Sträucher, Farne, Moose, Efeu, Blumen und viele Tiere in einem Wald. Es wachsen alte Bäume, junge Bäume, Sträucher, Efeu, Farne, Kräuter, Blumen, Gräser, Pilze und Moos. Male die Pflanzen auf.*

Baum	**Strauch**	**Efeu**
Farn	**Kräuter**	**Blumen**
Gräser	**Pilze**	**Moos**

Lernwerkstatt DER WALD IM JAHRESLAUF
Pflanzen & Tiere im Frühling, Sommer, Herbst und Winter – Bestell-Nr. 11 635
KOHL VERLAG

Stockwerke im Wald

Die Stockwerke und ihre Bewohner

In der **Kronenschicht** finden wir viele Vögel (Eulen, Tauben, Specht, Eichelhäher, Kuckuck usw.), Eichhörnchen, Baummarder, Fledermaus, Schmetterlinge, Raupen und Käfer.

Auch in der **Strauchschicht** leben Vögel (z.B. Amseln und Spatzen), Insekten und Spinnen. Die Strauchschicht dient auch Hirschen und Rehen als Nahrung.

Die **Krautschicht** dient Hasen, Kaninchen, Rebhühnern und Fasanen als Nahrung. Auch hier gibt es wieder Insekten, Spinnen und Schnecken.

In der **Bodenschicht** treffen wir Ameisen, Schnecken, Käfer und Spinnen, aber auch Igel, Kaninchen, Maus und Fuchs.

Unter der Erde **in der Wurzelschicht** wohnen Maus, Fuchs, Kaninchen und viele kleine Bodentiere wie Asseln, Spinnen, Milben und Regenwürmer.

EA

Aufgabe 7: *Bäume oder Wälder haben wie ein großes Haus verschiedene Stockwerke. Setze die Buchstaben aus dem Text an das passende Stockwerk.*

A Die **Krautschicht** reicht bis in ca. 1 m Höhe. Hier wachsen vor allem Gräser, Farne, Jungbäume und Blütenpflanzen.

B Die größte Schicht ist die **Baum- oder Kronenschicht**. Sie ist Lebensraum für viele Vogelarten, Säugetiere und Insekten.

C Die unterste Schicht ist die **Moos- oder auch Bodenschicht**, die von Moosen und Pilzen gebildet wird. Altes Laub, abgefallene Nadeln und Früchte finden sich hier.

D Wie bei jedem großen Haus gibt es hier auch einen **Keller**: Unter der Erde finden wir die Wurzeln aller Pflanzen, z.B. von Bäumen, Farnen, Sträuchern, Gräsern und Pilzen. Deshalb nennt man sie auch Wurzelschicht.

E Diese Schicht ist die **Strauchschicht**, die bis in drei Meter Höhe gehen kann. Hier findet man vor allem Sträucher und junge Bäume.

Lernwerkstatt DER WALD IM JAHRESLAUF
Pflanzen & Tiere im Frühling, Sommer, Herbst und Winter – Bestell-Nr. 11 635
KOHL VERLAG

VII. Waldwissen

Aufgabe 8: *Bildet Gruppen zu 3-4 Personen und sucht zu jedem „Stockwerk" Bilder seiner Bewohner. Nutzt dabei Zeitschriften oder das Internet. Schneidet die Bilder aus und klebt sie richtig auf. Ihr könnt auch malen.*

Stockwerk	
1. Baum- oder Kronenschicht	
2. Strauchschicht	
3. Krautschicht	
4. Bodenschicht	
5. Keller (unter der Erde)	

Säugetiere im Wald

EA

Aufgabe 9: *Finde im Bild unten 10 Säugetiere, die im Wald oder am Waldrand leben. Nummeriere sie und schreibe Zahl und Namen ins Heft.*

Lernwerkstatt DER WALD IM JAHRESLAUF
Pflanzen & Tiere im Frühling, Sommer, Herbst und Winter – Bestell-Nr. 11 635
KOHL VERLAG

VII. Waldwissen

Schwarzer Peter mit Waldtieren

GA

Aufgabe 10: *Spielt in Gruppen zu 4-5 Personen das bekannte Spiel **Schwarzer Peter**, jetzt aber mit Waldtieren.*

Spielanleitung:
Das Spiel ist bekannt: Die Karten werden ausgeschnitten und verteilt. Reihum zieht jeder eine Karte von dem Mitspieler links neben ihm. Zu einem Paar gehören Bild und Text. Bevor jemand ein Pärchen ablegen darf, wird der Text vorgelesen. Der Vorleser darf eine Frage über das Tier stellen, die von den Mitspielern beantwortet werden muss. Übrig bleibt – der Schwarze Peter!

Er ist dunkelbraun und hat am Hals einen gelben Fleck. Er wird 50 bis 60 cm lang, der Schwanz ist 25 cm lang. Er lebt im Wald, meist in Baumhöhlen. Baummarder fressen Mäuse, Eichhörnchen, Vögel und ihre Eier, aber auch Insekten und Frösche oder Beeren, Früchte und Nüsse. Sie sind nachtaktiv.

Unser Eichhörnchen lebt in Wäldern, Parks und großen Gärten. Es hat ein rot-braunes Fell. Es wird etwa 25 cm lang, dazu kommen noch 15 – 20 cm Schwanz. Eichhörnchen fressen Nüsse, Samen, Zapfen, Vogeleier, Insekten und Pilze. Es wohnt in einem Kobel, das ist ein Nest im Baum.

Der Maulwurf ist 10 bis 15 cm lang. Sein Fell ist grau bis schwarz. Er hat große Grabehände. Man findet ihn in Wäldern, Wiesen und Äckern. Er lebt unter der Erde in langen Gängen und Höhlen. Er ernährt sich von Engerlingen, Regenwürmern, Spinnen und Insekten.

Er wohnt an Waldrändern, in Hecken, Gärten und Parks. Er ist grau-braun gefärbt. Auf dem Rücken hat er Stacheln. Bei Gefahr rollt er sich zu einer Kugel zusammen. Er wird 24 – 30 cm lang. Er frisst Schnecken, Raupen, Vogeleier, Frösche und Insekten. Igel machen einen Winterschlaf.

Ihr Fell ist dunkelbraun, am Bauch heller. Ihre Flügel kann sie ganz eng zusammen falten. Sie wird 4 bis 5 cm lang. Im Sommer wohnt sie in Mauerspalten und Baumritzen, im Winter in Kellern, Baumhöhlen oder Nistkästen. In der Dämmerung und nachts ist sie aktiv. Sie frisst Mücken, Käfer, Falter und kleine Fliegen. Sie ist das einzige Säugetier, das fliegen kann.

Der Hase ist hellbraun bis graubraun. Die Ohren haben schwarze Spitzen. Er wird 45 bis 70 cm lang. Der Hase lebt in Wäldern und auf Feldern. Er frisst Gräser, Kräuter, Wurzeln und Knollen, aber auch Getreide und Kohl. Im Winter knabbert er die Rinde junger Bäume, Knospen und Zweige.

Der Fuchs wird etwa 70 cm lang, dazu kommt sein buschiger Schwanz. Sein Fell ist rotbraun. Er lebt in Wäldern und Feldern, manchmal auch in der Stadt. In der Natur gräbt er sich einen Bau unter der Erde. Füchse fressen Mäuse, Vögel, Kaninchen, Frösche, Würmer, aber auch Obst und Aas.

Wildkaninchen werden 35 bis 45 cm groß. Ihr Fell ist rötlich bis dunkelbraun, am Bauch etwas heller. Wir finden es an Waldrändern, auf Wiesen und Feldern in Gärten und Parks. Es frisst Gräser, Klee, Beeren, Zweige und Löwenzahn. Sein Bau liegt unter der Erde.

KOHL VERLAG
Lernwerkstatt DER WALD IM JAHRESLAUF
Pflanzen & Tiere im Frühling, Sommer, Herbst und Winter – Bestell-Nr. 11 635

VII. Waldwissen

Schwarzer Peter mit Waldtieren

Der Dachs lebt in Laub- und Mischwäldern mit üppiger Krautschicht. Sein Kopf ist schwarz-weiß gezeichnet. Er wird 60 – 90 cm lang. Er frisst Mäuse, Vögel, Eier, Insekten, Schnecken, Regenwürmer, Obst, Nüsse und Beeren. Sein Bau liegt tief in der Erde und ist mit Moos, Laub oder Farn gepolstert. Dachse halten Winterruhe.

Das Fell der Rehe ist im Sommer rotbraun, im Winter eher graubraun. Sie werden 100 bis 140 cm lang. Sie leben in Wäldern mit üppiger Krautschicht und Lichtungen, sowie in Wiesen und Feldern. Rehe ernähren sich von Blättern, Trieben, Gräsern, Kräutern, Feldfrüchten, Eicheln, Bucheckern, Pilzen und Beeren.

Die Waldmaus ist graubraun. Ihr Körper wird etwa 8 – 11 cm lang, dazu kommt der Schwanz. Waldmäuse leben in trockenen Wäldern und an Feldrändern. Sie fressen Samen und Früchte wie Eicheln und Bucheckern, Knospen, Insekten und Würmer. In einem Erdbau leben im Winter mehrere Tiere. Waldmäuse sind überwiegend nachtaktiv.

Das Fell des Wildschweins ist dunkelgrau bis braun-schwarz mit langen borstigen Deckhaaren. 1,3 bis 1,8 m kann so ein Schwein lang werden. Wildschweine leben in Laub- und Mischwäldern (Eichen und Buchen), die sumpfige Gebiete vorweisen. Sie sind Allesfresser und werden auch in Städten angetroffen.

Waldameisen bauen bis zu 2 m hohe Nester. Sie fressen Schädlinge, züchten Läuse und verbreiten die Samen von Pflanzen. Sie fressen auch Aas und kranke Tiere, so nennt man sie häufig die Gesundheitspolizei des Waldes. Durch den Abbau von Holz und Laub fördern sie die Lockerung des Bodens. Ameisen sind Nahrung von Vögeln und Spinnen.

Schmetterlinge leben in hellen Wäldern mit sonnigen Lichtungen. Dort wachsen Blumen und Sträucher, die die Tierchen brauchen. Wälder sind vor allem von großer Bedeutung für viele Nachtfalter, deren Larven sich von Laub- oder seltener auch von Nadelbäumen ernähren.

Schnecken gehören zu den Weichtieren und lieben es feucht. Viele von ihnen sind nachtaktiv. Sie sorgen dafür, dass alte Blätter, Pilze, Holz und andere Stoffe wieder zu Erde werden. Auch sind sie wichtige Nahrung für Igel und viele Vögel.

Schnecken und Regenwürmer sind keine Insekten. Der Regenwurm „belüftet" den Boden mit seinen Gängen und stellt durch seinen Kot Dünger für die Bäume her. Spinnen vertilgen viele Insekten und dienen auch als Futter für Vögel und kleine Tiere.

Waldgrillen leben im Falllaub von unseren Laubwäldern. Sie überwintern als Larve und brauchen daher die wärmende Laubschicht. Das Männchen zirpt verschiedene Melodien, um das Weibchen anzulocken. In Deutschland ist die Waldgrille weit verbreitet.

Schwarzer Peter mit Waldtieren

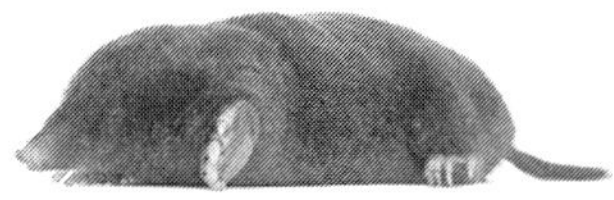

Lernwerkstatt DER WALD IM JAHRESLAUF – Bestell-Nr. 11 635
Pflanzen & Tiere im Frühling, Sommer, Herbst und Winter
KOHL VERLAG

VII. Waldwissen

Schwarzer Peter mit Waldtieren

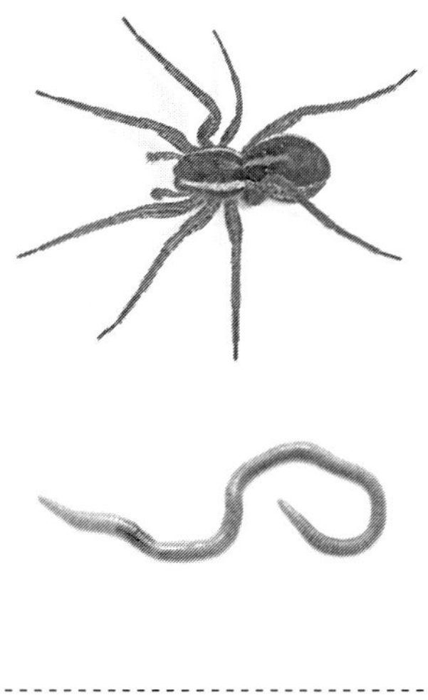

Schwarzer Peter

Lernwerkstatt DER WALD IM JAHRESLAUF
Pflanzen & Tiere im Frühling, Sommer, Herbst und Winter – Bestell-Nr. 11 635
KOHL VERLAG

Richtig zuordnen

PA

Aufgabe 11: *Schneidet die Bilder der Vögel und die Kärtchen auf der nächsten Seite aus. Klebt sie passend zu den Namen in den Baum. Ordnet die richtigen Textkärtchen zu.*

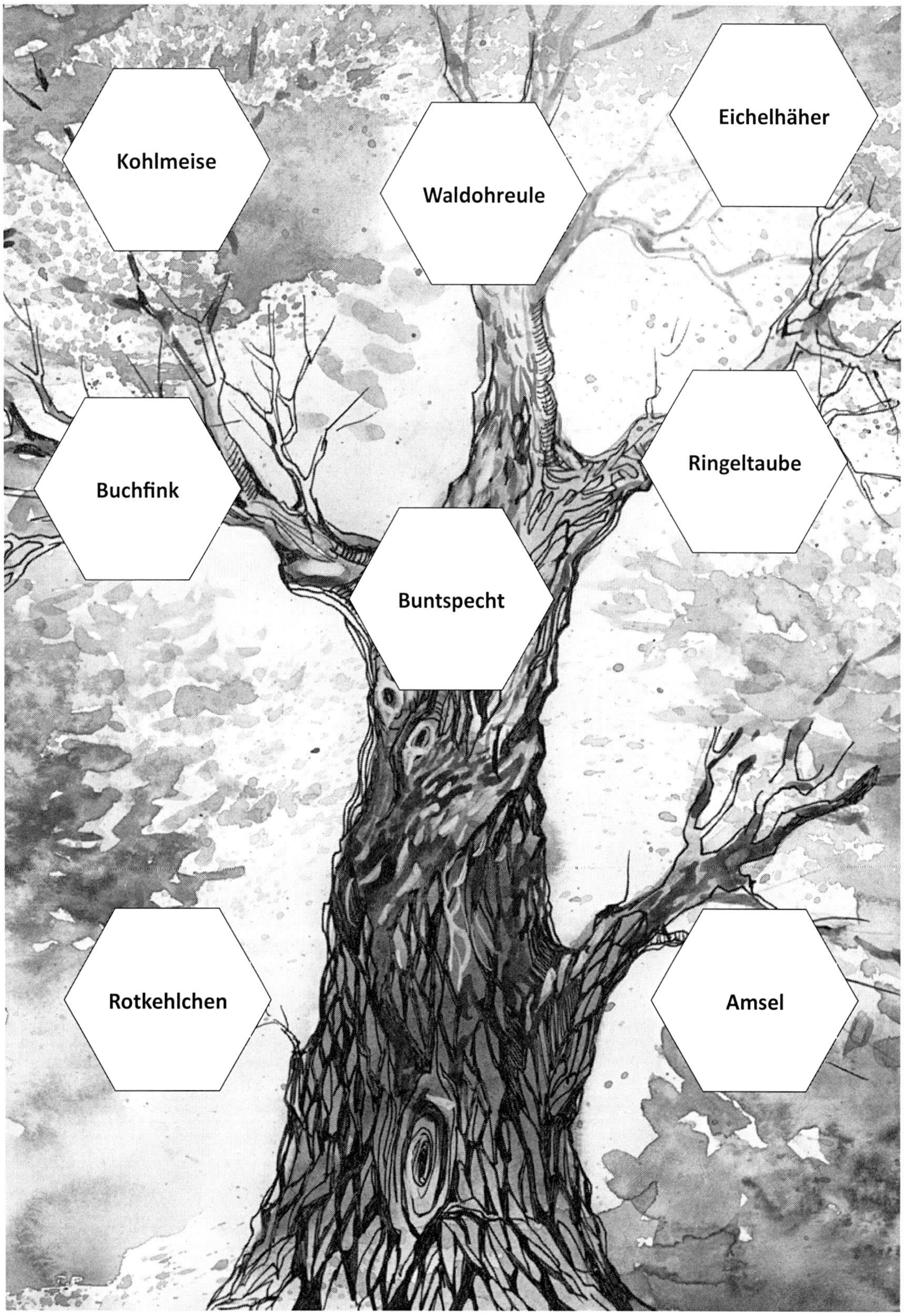

Lernwerkstatt DER WALD IM JAHRESLAUF
Pflanzen & Tiere im Frühling, Sommer, Herbst und Winter – Bestell-Nr. 11 635
KOHL VERLAG

VII. Waldwissen

Richtig zuordnen

Amseln leben in Parks, Gärten und Laubwäldern. Das Männchen ist schwarz und hat einen gelben Schnabel. Das Weibchen ist dunkelbraun. Sie fressen Insekten und Regenwürmer, im Winter Samen und Beeren.	Der Buchfink lebt im Wald und in Bäumen und Hecken. Das Männchen hat einen blau-grauen Kopf. An den Flügeln haben Männchen und Weibchen zwei weiße Streifen. Sie fressen Körner, Samen, Früchte und Insekten.
Er lebt in Laub- und Mischwäldern, aber auch in großen Gärten oder Parks. Der Eichelhäher ist hellbraun mit einem schwarzen Schwanz. An den Flügeln hat er schwarz-blaue Streifen. Im Herbst legt er große Vorräte von Eicheln und Nüssen an.	Rotkehlchen leben in Wäldern, Parks, Gärten und Hecken. Es hat einen braunen Rücken und eine rote Brust. Im Winter frisst es Beeren, Samen und Meisenknödel. Im Sommer frisst es Spinnen, Würmer und Asseln. Es badet gerne.
Er bewohnt Wälder, Parks und Gärten mit vielen Bäumen. Der Buntspecht hat einen roten Fleck im Nacken, schwarze Flügel mit weißen Flecken und einen roten Unterleib. Er frisst meist Insekten, aber auch Nüsse, Beeren und Samen.	Die Kohlmeise lebt in Gärten, Parks, Laub- und Mischwäldern. Die Kohlmeise hat einen schwarzen Kopf und einen gelben Bauch. Im Winter fressen sie Beeren und Samen, im Sommer Insekten, Spinnen und Würmer.
Ringeltauben wohnen in Wäldern, Parks und sogar in der Stadt. Ringeltauben sind blaugrau und haben am Hals zwei weiße Flecken. Sie fressen Saat, Kirschen, Eicheln und auch Abfälle.	Sie lebt im Wald, auf Wiesen und auf Feldern. Die Waldohreule ist hellbraun mit schwarzen Tupfen. Sie hat lange Federohren und orangegelbe Augen. Sie frisst Feldmäuse und Kleinvögel. In der Dämmerung und in der Nacht ist sie aktiv.

Lernwerkstatt DER WALD IM JAHRESLAUF
Pflanzen & Tiere im Frühling, Sommer, Herbst und Winter – Bestell-Nr. 11 635
KOHL VERLAG

VIII. Die Lösungen

Kapitel II Die Jahreszeiten im Wald

Aufgabe 1: Individuelle Lösungen.

Aufgabe 2: Nadelwald, Waldweg, Regenwald, Zauberwald, Eichenwald, Waldboden, Waldrand, Laubwald, Waldgebiet, Waldtier, Waldspaziergang, Birkenwald, Waldbaum, Mischwald, Märchenwald, Waldbrand, Buchenwald, Waldgrenze

Aufgabe 3: Tannenzapfen, Pilz, Laubbaum, Vogel, Nadelbaum, Hase, Wildschwein

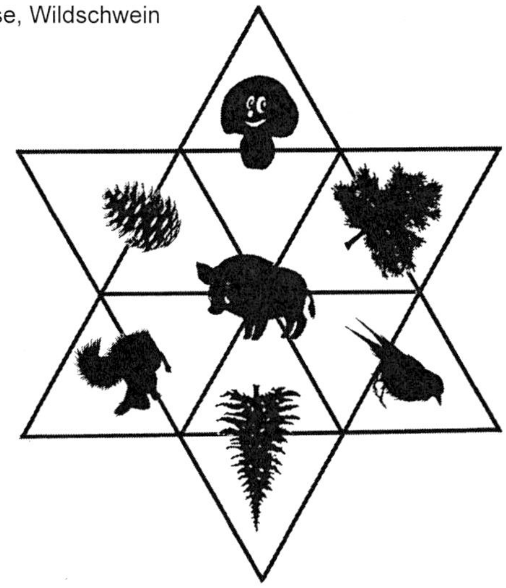

Aufgabe 4: Die Meterologen

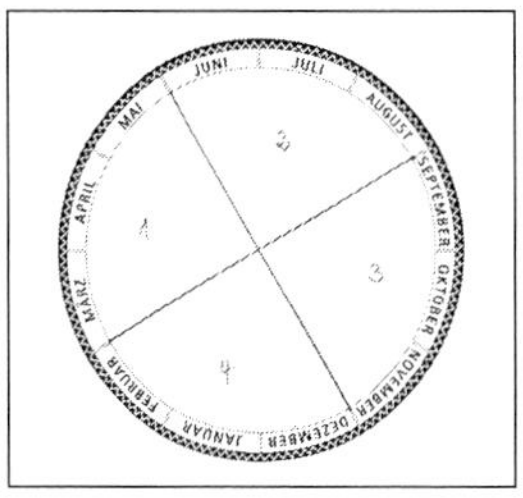

1 = grün
2 = gelb
3 = rot
4 = blau

Die Astrologen

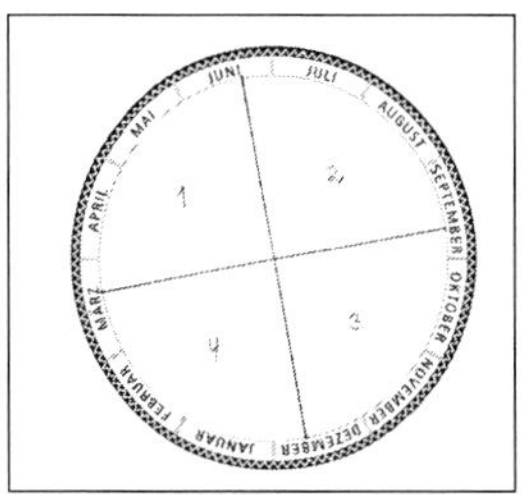

1 = grün
2 = gelb
3 = rot
4 = blau

Aufgabe 5: Lösungswort: BAUMHAUS

Aufgabe 6: Zusammengehörende Paare: Tanne – C, Fichte – A, Lärche – D, Kiefer – B

Aufgabe 7: Individuelle Lösungen.

Kapitel III. Frühling

Aufgabe 1: Schneeglöckchen, Buschwindröschen und Maiglöckchen sind weiß.
Scharbockskraut und Schlüsselblumen sind gelb.
Das Veilchen ist lila.

Aufgabe 2: Entwicklung der Bäume – Beispiel Rotbuche
Die Blütezeit der Rotbuche liegt zwischen April und Mai. Die Knospen der Rotbuche sehen aus wie kleine rotbraune Pfeile. Aus ihnen entwickeln sich die jungen Triebe mit Blüten, Blättern und im Laufe des Jahres auch den Knospen für das nächste Jahr.
Die ***männlichen*** Blüten hängen lang herab. Die ***weiblichen*** Blüten findet man einzeln oder zu zweit aufrecht am Triebende. Die ***männlichen*** Blütenstände enthalten den Blütenstaub (Pollen). Durch den Wind wird dieser auf die ***weiblichen*** Blüten übertragen. Die Pollen befruchten die Fruchtstände. Die späteren Bucheckern bilden sich.
Einhäusige, zweihäusige und zwittrige Blüten
Bei der Rotbuche befinden sich getrennte ***weibliche*** und ***männliche*** Blüten auf demselben Baum. Man bezeichnet sie daher als einhäusig.
Andere Baumarten, wie die Kastanie, besitzen zwittrige Blüten. Das heißt, dass diese Blüten sowohl ***weibliche*** als auch ***männliche*** Samenanlagen besitzen.
Sind auf einem Baum jedoch ausschließlich ***weibliche*** oder ausschließlich ***männliche*** Blüten „zu Hause", spricht man von Zweihäusigkeit.
Die Befruchtung der Blüten kann bei den Bäumen durch Insekten oder durch den Wind erfolgen.
(Von den Zeichen muss 3mal männlich und 3mal weiblich markiert werden.)

Aufgabe 3: Die meisten Nadelbaum-Arten sind einhäusig getrenntgeschlechtig, d.h. männliche und weibliche Blüten befinden sich getrennt voneinander auf einem Baum.

Lernwerkstatt DER WALD IM JAHRESLAUF
Pflanzen & Tiere im Frühling, Sommer, Herbst und Winter – Bestell-Nr. 11 635
KOHL VERLAG

VIII. Die Lösungen

Aufgabe 4: Individuelle Lösungen.

Aufgabe 5:
a) Igel und Fledermaus halten Winterschlaf.
b) Dachs und Eichhörnchen halten Winterruhe.

Aufgabe 6: Insekten sind wichtig für die Bestäubung der Bäume und Pflanzen.

Aufgabe 7:
- Der (Die) Maikäfer krabbelt (krabbeln).
- Die Schmetterlinge flattern.
- Die Grillen zirpen.
- Die Hummel brummt.
- Die Biene summt.
- Der (Die) Marienkäfer fliegt (fliegen).
- Die Raupen kriechen.
- Die Libelle schwirrt.

Kapitel IV. Sommer

Aufgabe 1:
a) Der Baum braucht Nährstoffe, Wasser, Zucker, Energie.
b) Nährstoffe und Wasser bekommt er durch die Wurzeln aus dem Boden. Energie spendet die Sonne, und Zucker kann er durch die Photosynthese selber herstellen.

Aufgabe 2: Individuelle Lösungen.

Aufgabe 3: Beispielrezept: **Brombeer-Crumble**

Zutaten für 4 Personen: *100 g Butter, 100 g Mehl, 80 g Roh-Rohrzucker (brauner Zucker), 60 g Haferflocken, 30 g gemahlene Mandeln, 1 Prise Salz, 500 g Brombeeren*

1. Die kalte Butter mit den Händen zu Flöckchen zerteilen und in eine Schüssel bröseln.
2. Mehl, Rohrzucker, Haferflocken, gemahlene Mandeln und Salz dazugeben und mit den Knethaken nur so lange rühren, bis sich Streusel geformt haben.
3. Die Brombeeren waschen und in eine große flache Auflaufform (oder mehrere kleine Förmchen) geben.
4. Die Streuselmasse über den Brombeeren verteilen.
5. Backofen auf 200°C Ober- und Unterhitze vorheizen und den Crumble ca. 20 Minuten backen. Wenn die Streusel leicht bräunen, ist er fertig. Wer mag, isst dazu Eis oder Sahne.

Aufgabe 4: Siehe Rezept auf S. 21

Aufgabe 5:
a) Moose können besonders gut Wärme und Wasser speichern.
b) Moose und Farne vermehren sich durch Sporen.
c) Die Blätter der Farne nennt man Wedel.
d) Bei uns wachsen z.B. Wurmfarn, Adlerfarn, Tüpfelfarn, Waldfrauenfarn und die Hirschzunge.

Aufgabe 6: Vögel, Insekten, aber auch Mäuse wohnen gerne im Efeu.

Aufgabe 7:
1. Die Vögel brüten zum zweiten Mal.
2. Rehe paaren sich im Sommer.
3. Aus Raupen werden Schmetterlinge.
4. Der Sommer ist die wärmste Jahreszeit.
5. Bäume wachsen in die Höhe und in die Breite.
6. Im Wald und am Waldrand finden wir Brombeeren.
7. Moose können Wasser sehr gut speichern.
8. Efeu klettert Bäume und Mauern hinauf.
9. Einige Farne bleiben auch im Winter grün.
10. Im Sommer sind viele Insekten unterwegs.

Aufgabe 8: Dieser Schmetterling bleibt übrig *(siehe rechts)*.

VIII. Die Lösungen

Kapitel V Herbst

Aufgabe 1: Individuelle Lösungen.

Aufgabe 2:

	Kastanie	Eiche	Ahorn
Blätter			
Früchte			

	Buche	Eberesche	Birke
Blätter	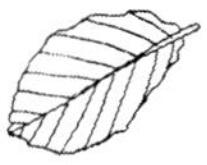		
Früchte			

Aufgabe 3:

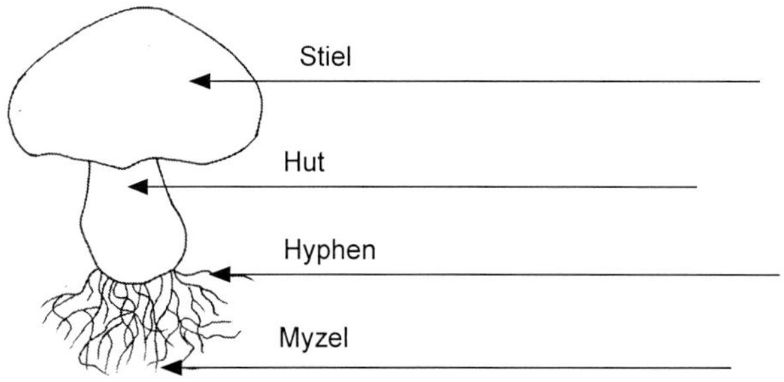

Aufgabe 4:

Hyphen	Pilzfäden
Myzel	Pilzfadenknäuel
Symbiose	Lebensgemeinschaft
Mykorrhiza	Lebensgemeinschaft zwischen Pilz und Baum

Aufgabe 5: Louisa findet Steinpilze, Jan Pfifferlinge, Julia Morcheln, Kai Maronen, Lotta Satanspilze, Max Fliegenpilze. Satanspilze und Fliegenpilze sind giftig.

Aufgabe 6: **1.** Rehbock, **2.** Damhirsch, **3.** Rothirsch

Aufgabe 7: Individuelle Antworten.

Aufgabe 8: Individuelle Antworten.

Aufgabe 9: Lösung siehe rechts.

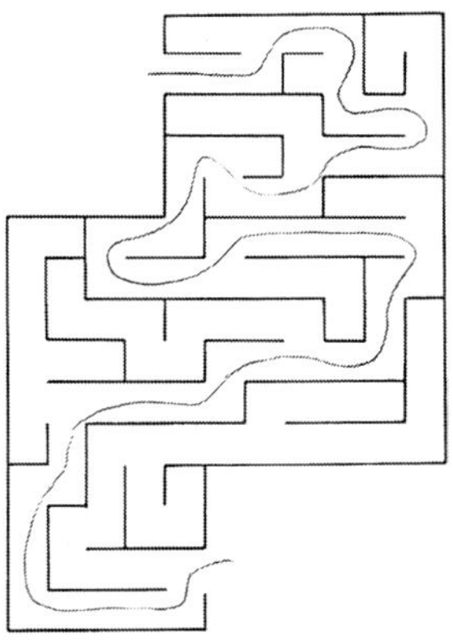

Aufgabe 10: Das Eichhörnchen lebt im Kobel, der Dachs im unterirdischen Bau und der Igel im Laubhaufen oder in einer Höhle.

Lernwerkstatt DER WALD IM JAHRESLAUF
Pflanzen & Tiere im Frühling, Sommer, Herbst und Winter – Bestell-Nr. 11 635
KOHL VERLAG

VIII. Die Lösungen

Kapitel VI Winter

Aufgabe 1: In dieser Reihenfolge: länger, selten, schneit, Sträucher, Tannen, Wurzelhöhlen, Laub, Schnecken, Winterruhe, Igel, Wildscheine, Kaninchen, Früchten

Aufgabe 2: Maus, Kaninchen und Fuchs haben Höhlen unter der Erde, wo sie leben.

Aufgabe 3:

a) Natürliche Auslese bedeutet, dass unter harten Bedingungen kranke und schwache Tiere sterben, die gesunden Tiere jedoch überleben. Diese bekommen dann im Frühjahr auch gesunden und starken Nachwuchs. So bleibt der Wildbestand auf Dauer gesund. Die Fütterung jedoch sorgt dafür, dass auch kranke und schwache Tiere den Winter überstehen.

b) Wenn der Wildbestand größer wird, als der Wald ernähren kann, dann greifen die Tiere auch auf Knospen und frische Triebe zurück, die sie bei natürlichem Bestand gar nicht angerührt hätten.

c) Wildtiere brauchen im Winter recht wenig Futter, weil sie sich kaum bewegen und so Kraft sparen. Im Sommer und Herbst dagegen müssen sie Fettpolster für den Winter anlegen. Vor allem Rehe sind dann auf Wildwiesen und Äcker angewiesen, in denen sie sich richtig satt fressen können. Doch heutzutage gibt es kaum noch Wildwiesen und die meisten Äcker werden mehrmals im Jahr abgeerntet. So müssen die Tiere sich plötzlich neue Futterstellen suchen. Besonders in Gegenden mit wenig Wald ist das ein echtes Problem.

Aufgabe 4: Es gibt deshalb bessere Möglichkeiten, das Wild zu unterstützen als die Winterfütterung. Zum Beispiel, indem Wiesen seltener gemäht werden und dadurch eine größere Pflanzenvielfalt entwickeln, die den Wildtieren Nahrung bietet. Oder indem man am Waldrand Hecken mit verschiedenen fruchttragenden Sträuchern und Wildobst bepflanzt.

Aufgabe 5:

Zugvögel sind Kuckuck, Buchfink, Schwalbe
Standvögel sind Meise, Amsel, Rotkehlchen, Taube
Winterschläfer sind Igel, Fledermaus, Siebenschläfer und Murmeltier
Winterruher sind Eichhörnchen, Dachs, Waschbär und Braunbär
Winterstarre verfallen Insekten, Frösche und Eidechsen
Winteraktiv sind Rehe, Hirsche, Wildschweine, Baummarder, Fuchs, Hase und Kaninchen

Aufgabe 6: Winterschläfer verlassen ihr Quartier nicht und nehmen keine Nahrung auf. Winterruher werden häufiger wach, verlassen Bau oder Nest, und fressen auch im Winter.

Aufgabe 7: Zusammengehörende Paare: A - 3, B - 4, C - 5, D - 1, E - 2

Aufgabe 8: Richtige Aussagen: 1, 2, 3, 5, 8, 10

Aufgabe 9: **a)** Wildschwein, **b)** Dachs, **c)** Fuchs, **d)** Rehbock, **e)** Baummarder, **f)** Hirsch, **g)** Eichhörnchen, **h)** Hase, **i)** Vogel, **j)** Maus

Aufgabe 10: Im Baum wohnen Vogel und Eichhörnchen, in der Strauchschicht Reh und Hase, unter der Erde Fuchs und Maus.

Kapitel VII Waldwissen

Aufgabe 1:

Ahorn

Tanne

Eberesche

Buche

Birke

Der Ahorn
In Deutschland gibt es drei Arten: Spitz-, Berg- und Feld-Ahorn. Mit bis zu 30 Metern wächst der Ahorn auf eine stattliche Größe an. Noch höher ist das Alter – 600 Jahre alt können die Bäume werden. Die Früchte des Ahornbaumes sind auch als „Ahornnasen" bekannt.

Die Tanne/Weißtanne
Die Tanne kann 40-50 m hoch werden. Ihr Stamm hat eine weißgraue, glatte Rinde. Sie hat stumpfe, flache Nadeln, die an der Unterseite zwei weiße Streifen haben. Die Zapfen der Tanne stehen aufrecht und fallen nicht ab. Tannen können bis zu 600 Jahre alt werden.

Die Eberesche
Die Eberesche ist vor allem bei Vögeln beliebt. Die kleinen roten Beeren sind aber auch für viele Insekten und Säugetiere wichtige Nahrung. Daher nennt man den Baum auch Vogelbeerbaum oder Drosselbeere.

Die Buche
Die Buche ist der häufigste Laubbaum in deutschen Wäldern. Die Rotbuche hat ihrem Namen von ihrem rötlichen Holz. Die Früchte (Bucheckern) sind essbar – enthalten aber eine kleine Menge der giftigen Blausäure. Die Rotbuche hat übrigens keine roten Blätter, sondern grüne!

Die Birke
Die Weiß- oder Hänge-Birke kommt in Deutschland am häufigsten vor. Birken zeigen als erste im Frühjahr ihr zartes Grün und gelten so als Sinnbild des Frühlingserwachens. Besonders leicht zu erkennen sind die Bäume durch ihre schwarz-weiße Rinde.

Lärche

Eiche

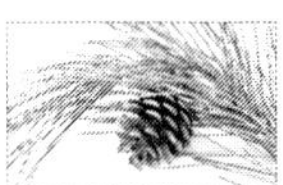

Kiefer

Fichte

Kastanie

Die Lärche
Sie wächst meist im Gebirge und wird etwa 30-50 m hoch. Sie ist der einzige Nadelbaum, der im Herbst die Nadeln abwirft. Die Nadeln sind kurz, weich und hellgrün. Sie stehen in Büscheln. Die Zapfen sind klein und rundlich. Lärchen können bis zu 600 Jahre alt werden.

Die Eiche
In unseren Regionen kommen überwiegend zwei Eichenarten vor: die Stiel- und die Trauben-Eiche. Sie sind gut durch ihre auffälligen Blätter zu erkennen. Die Eiche kann bis zu 1000 Jahre alt werden. Die Eicheln sind Nahrung für Wildschweine und viele andere Wildtiere.

Die Kiefer oder Föhre
Der Baum wird etwa 40-50 m hoch. Die Nadeln sind lang und spitz. Sie sind drei bis sieben cm lang und stehen paarweise. Die Zapfen sind rundlich. Sie wird bis zu 200 Jahre alt. Der Stamm der Kiefer hat wenige Äste. Der Stamm ist rötlich bis graubraun mit tiefen Furchen.

Die Fichte
Sie hat einen rotbraunen Stamm und dünne, spitze Nadeln. Die Zapfen der Fichte hängen an den Ästen nach unten und fallen ganz ab. Anhand ihrer Zapfen lässt sie sich leicht von der Tanne unterscheiden: Fichtenzapfen hängen am Ast herunter, Tannenzapfen wachsen dagegen aufrecht!

Die Kastanie
Wir kennen zwei Arten: Die Rosskastanie ist ein mächtiger Baum mit großen, braunen Knospen. Entsprechend groß auch die Blütenstände (Kerzen) und die Blätter.

Die Esskastanie trägt essbare Früchte, die Maronen. Sie sind vor allem in der Winterzeit sehr beliebt.

VIII. Die Lösungen

Aufgabe 2: Zusammengesetzte Begriffe: Ahornnase, Fichtenzapfen, Vogelbeere, Buchecker, Birkenkätzchen, Tannenzapfen, Eicheln, Kiefernzapfen, Lärchenzapfen, Kastanien

Aufgabe 3:

B	A	U	M	M	A	R	D	E	R	O	W
E	H	I	R	S	C	H	N	U	H	L	I
I	J	G	T	R	E	L	K	H	A	M	L
F	L	E	D	E	R	M	A	U	S	I	D
U	F	L	O	R	E	B	N	F	E	N	S
C	I	D	A	S	H	L	I	H	O	A	C
H	C	S	E	G	R	W	N	E	I	S	H
S	H	K	U	C	K	U	C	K	O	T	W
K	D	A	C	H	S	I	H	M	U	I	E
R	A	F	R	E	S	K	E	T	E	P	I
E	I	C	H	H	Ö	R	N	C	H	E	N

Aufgabe 4: Von links nach rechts: Eiche, Buche, Kastanie, Birke, Fichte, Lärche, Kiefer, Ahorn, Eberesche

Nadelbäume (rot markiert): Tanne, Fichte, Kiefer, Lärche

Aufgabe 5: Im Laubwald wachsen z.B. Buche, Eiche oder Kastanie.
Im Nadelwald wachsen z.B. Fichte, Tanne oder Kiefer.
Im Mischwald gibt es z.B. Eiche, Buche oder Fichte.

Aufgabe 6: Individuelle Lösungen.

Aufgabe 7: Von oben nach unten: B, E, A, C, D

Aufgabe 8: Individuelle Lösungen.

Aufgabe 9: Auf dem Bild sind folgende Tiere zu sehen:
Eichhörnchen, Baummarder, Fledermaus, Fuchs, Reh, Wildschwein, Kaninchen, Hase, Maus, Maulwurf

Aufgabe 11:

Lernwerkstatt DER WALD IM JAHRESLAUF
Pflanzen & Tiere im Frühling, Sommer, Herbst und Winter – Bestell-Nr. 11 635
KOHL VERLAG

Bildquellen

alle Seiten	Fotolia_50467119_mikhailrenzhin - Fotolia.com
Seite 5	© agaes8080 - Fotolia.com
Seite 6	© Smileus, boule1301, petrsalinger, Africa Studio, budogosh & Joachim Neumann - Fotolia.com
Seite 7	© Sergii Figurnyi - Fotolia.com
Seite 8	© lunamarina - Fotolia.com
Seite 11	© aboutfoto, Tamara Kulikova & marylooo - Fotolia.com
Seite 12	© Photobank - Fotolia.com
Seite 13	© ExQuisine, Sebastian, joanna wnuk & heitipaves - Fotolia.com
Seite 15	© keller - Fotolia.com
Seite 17	© Evgeny Skidanov & emer - Fotolia.com
Seite 18	© chameleonic, Kletr, Steve Oehlenschlager, Pim Leijen & Paul Maguire - Fotolia.com
Seite 19	© Mario & Joachim Neumann, saied shahinkiya, marima-design, paulrommer, thomaslenne, Valeriy Kirsanov, rcfotostock, nn-fotografie, Eric Isselee, Colorlife, Pixler & Olga Galushko - Fotolia.com
Seite 20	© tungphoto, emer, martinjedlicka - Fotolia.com
Seite 21	© farbkombinat, Spectral-Design, tinadefortunata & Vidady - Fotolia.com
Seite 22	© emer, Banana Republik & unpict - Fotolia.com
Seite 23	© Frank Boston & Alekss - Fotolia.com
Seite 24	© Vanessa, Dmitry Kolesnikov & Photohunter - Fotolia.com
Seite 25	© Gennadij Kurilin - Fotolia.com
Seite 25	© Gennadij Kurilin - Fotolia.com
Seite 26	© Colorlife, Matthew Cole, terbrana, zooco, abeadev & sababa66 - fotolia.com
Seite 28	© Smileus & Fotimmz - Fotolia.com
Seite 29	© Sergey YAkovlev - Fotolia.com
Seite 30	© volga1971, motorlka, kerstiny, michaeljayberlin, Marek Kosmal, Eric Isselee & unpict - Fotolia.com
Seite 31	© Thomas Mucha - Fotolia.com
Seite 32	© Andy Short & redredapple - Fotolia.com
Seite 33	© virinaflora, ExQuisine, antonio scarpi, iluzia, Valentina R., strannik_fox & EM Art - Fotolia.com
Seite 34	© Frank, Lidiya Shironina, chris2766, Friedrich Hartl & Photohunter - Fotolia.com
Seite 35	© byrdyak, Stephan Morris, Erni & Friedrich Hartl - Fotolia.com
Seite 36	© avs_lt, Paul Maguire & Eric Isselee - Fotolia.com © wikimedia.org, Autor: David Perez
Seite 37	© rupbilder, natureimmortal & Martina Berg - Fotolia.com
Seite 38	© deviantART, cirquedesprit & Gerisch - Fotolia.com
Seite 40	© gagou - Fotolia.com
Seite 41	© Sergey YAkovlev, irinamahova, vbel71, lantapix, vkdub, draganm & silhouette-of-roe-deer - Fotolia.com
Seite 42	© aboutfoto - Fotolia.com
Seite 43	© K.-U. Häßler - Fotolia.com
Seite 44	© Denis Junker, Popova Olga, Max Tamor, joanna wnuk, Marek Kosmal & Tamara Kulikova - Fotolia.com
Seite 45	© Dionisvera, vomue, heitipaves & marylooo - Fotolia.com
Seite 49	© lassedesignen - fotolia.com
Seite 51	© Ellerslie, Isis Ixworth, Joachim Neumann, lantapix, bluedarkat, vkdub & silhouette-of-roe-deer - Fotolia.com
Seite 52	© Adrian Hillman, netzfrisch.de, Perysty, dkvektor, Guzel Studio, Kreatiw, lantapix, bluedarkat, silhouette-of-roe-deer, draganm & abeadev - Fotolia.com
Seite 54	© Eric Isselée, Pixler & Olga Galushko - Fotolia.com
Seite 55	© Jaroslavs Filsh, kzww, Sergii Figurnyi, ivolili, boule1301, Anterovium, Zerbor, yurakp, Klaus Eppele, womue, evegenesis & Eric Isselee - Fotolia.com
Seite 56	© okalinichenko & virinaflora - Fotolia.com
Seite 57	© cmnaumann, max5128, waidmannsheil & Eric Isselee - Fotolia.com © wikipedia.org, Autor: Piotr J.

Gabriela Rosenwald

Die Arktis als Lebensraum

Der Nordpol in Zeiten des Klimawandels

Der Nordpol bietet Lebensraum für viele verschiedene Tierarten. Diese leben auf und unter dem Eis und im Polarmeer. In der arktischen Tiefsee gibt es eine enorme Vielfalt von Lebensformen, darunter Arten, die nie zuvor beobachtet wurden. Ein spannendes Unterrichtsthema ...

__Inhalt__: Arktis und Nordpol – Überblick; Die Arktis und der Nordpol; Menschen in der Arktis; Eisberge; Polarnacht und Sommersonnenwende; Vegetationszonen der Arktis; Tiere der Arktis; Vögel und Fische; Wasservorkommen auf unserer Erde; Probleme der Arktis u.v.m.

3 4

40 Seiten

			PDF-Schullizenz
Buch	11 880	15,80 €	
PDF	P11 880	12,49 €	50,- €

Gabriela Rosenwald

Der Bauernhof

Landwirte • Pflanzen • Tiere • Geräte

Alles Wissenswerte rund um einen landwirtschaftlichen Betrieb kommt hier zur Sprache. Auch die eingesetzte Technik und deren Entwicklung von früher nach heute wird dargestellt.

__Inhalt__: Felder und Wiesen; Arbeit der Bauern; Landwirte früher und heute; Pflanzen (Getreide, vom Korn zum Brot, Kartoffeln, Gras und Heu, Düngen); Tiere (Tierfamilien und -stimmen, Rind, Schwein, Schaf, Ziege, Pferd, Hühner, Gänse und Enten); Arbeitsgeräte; Jahreslauf; Bauernregeln u.v.m.

2 3 4

72 Seiten

			PDF-Schullizenz
Buch	11 181	18,80 €	
PDF	P11 181	14,99 €	60,- €

Die Tierwelt

Susanne Deluge

Nutztiere in der Landwirtschaft

__Inhalt__: Was ist ein Nutztier?; Milchkühe; Fleischrinder; Schafe und ihr Nutzen; Von Schweinen und Wildschweinen; Hühner; Das Ei; Freiland- oder Massentierhaltung; Fleischhühner; Bienen und ihre Erzeugnisse; Ökologie in der Landwirtschaft

2 3 4

48 Seiten

			PDF-Schullizenz
Buch	11 861	15,80 €	
PDF	P11 861	12,49 €	50,- €

Susanne Deluge

Hunde — Die treuen Begleiter unter der Lupe

Informationen zur Abstammung des Hundes und die Entstehung der verschiedenen Hunderassen, die Anatomie und die Funktion der Sinnesorgane. Sie erhalten Informationen über die Aufgaben eines berufstätigen Hundes, von Hirten-, Service-, Dienst-, Jagd- und Gesellschaftshunden.

__Inhalt__: Hundezucht; Gebiss, Körper, Knochen; Das Fell; Pfoten, Die Sinne des Hundes; Eigenarten von Hunden; Verschiedene „Nutzhunde"; Hundesport; Hunderassen; Augen auf beim Hundekauf u.v.m.

3 4

48 Seiten

			PDF-Schullizenz
Buch	11 966	15,80 €	
PDF	P11 966	12,49 €	50,- €

Wolfgang Wertenbroch

Landwirtschaft früher & heute

__Inhalt__: Landwirtschaft vor 1300 Jahren; So schön war Landleben (Werkzeug und Maschinen); Können wir alle vom Hof leben?; Im 19. Jhdt. und danach; Heuerlinge in Norddeutschland; Landwirtschaft im 20. Jhdt.; Im Nebenerwerb Hollandgänger, Schwabenkinder; Landwirtschaft im 21. Jhdt. u.v.m.

3 4

64 Seiten

			PDF-Schullizenz
Buch	10 789	17,80 €	
PDF	P10 789	14,49 €	58,- €

Susanne Deluge

Katzen — Gnadenlose Jäger auf samten Pfoten

__Inhalt__: Miau, Schnurren und Gebrüll; Haus- und Rassekatzen; Körperbau der Katze; Sinn für Sinn; Katzennachwuchs; Katzenernährung; Gesundheit der Katze; Katzenrassen und ihre Eigenarten; Fellfarben; Von der Geburt bis zum Erwachsenenalter u.v.m.

3 4

48 Seiten

			PDF-Schullizenz
Buch	11 967	14,80 €	
PDF	P11 967	11,99 €	48,- €

Sandra Noa

Das Leben auf dem Land

__Inhalt__: Alltag der Landwirte, früher - heute, Monokultur oder Fruchtfolge, Maschinen und moderne Technik, Arbeitsgeräte vor 200 Jahren, Tiere auf dem Bauernhof, Tierfutter, Ökologische Tierhaltung, Massentierhaltung; Erzeugnisse vom Bauernhof (Getreide, Kartoffel, Rüben ...) u.v.m.

3 4

52 Seiten

			PDF-Schullizenz
Buch	10 704	14,80 €	
PDF	P10 704	11,99 €	48,- €

Anja Hammelstein

Die bunte Welt der Haustiere

__Inhalt__: Hund (Körperbau, Verhalten von Wolf und Hund, Rassen, Haltung), Katze (Körperbau, Sinnesorgane); Nagetiere (Meerschweinchen, Hamster & Co, Goldhamster); Fische (Leben im Wasser, Sinnesorgane der Fische, Aquarium); Vögel u.v.m.

2 3 4

40 Seiten

			PDF-Schullizenz
Buch	10 728	14,80 €	
PDF	P10 728	11,99 €	48,- €

Gabriela Rosenwald

Lebensraum Moor

__Inhalt__: Lebensraum Moor; Torf; Der Mensch und das Moor; Die Bedeutung der Moore; Tiere im Moor; Pflanzen im Moor; Unheimliches Moor – und Irrlichter; Moormemory – spielen & berichten ...

3 4

52 Seiten

			PDF-Schullizenz
Buch	11 606	15,80 €	
PDF	P11 606	12,49 €	50,- €

Edith Aepli

Pferde — Wissenswertes über die beliebten Huftiere

__Inhalt__: __Infoheft:__ Urpferde, Paarhufer, Verwandte, Rassen, Körperbau, Ernährung, Gangarten, Fohlen, Hufreinigung, Hufeisen, Pflege, Reiten, Pferdearbeit, Pferderekorde; __Arbeitsblätter:__ Pferde-Quiz, Farben der Pferde, Skelettvergleich, Der Pferdekopf, Gangarten, Araber - eine Legende, Redensarten, Körpersprache, Pferde-Suchbild, Pferde basteln u.v.m.

2 3 4

48 Seiten

Buch	11 343	14,80 €

Anja Hammelstein

Tiere leben im Ökosystem

__Inhalt__: Ökosystem allgemein; Savanne/Steppe (Elefant, Giraffe, Zebra ...); Polarregionen (Pinguin, Eisbär); Wüste (Skorpion, Kamel); Tropischer Regenwald (Papageien, Affen, Vogelspinnen); Wasser (Haie, Robben, Wale, Delfine) u.v.m.

3 4

56 Seiten

			PDF-Schullizenz
Buch	11 406	15,80 €	
PDF	P11 406	12,49 €	50,- €

Andrea Schnepp

Biber

Infos zu Lebensweise und Verhalten der Biber mit abwechslungsreicher Arbeitsblättern und Übungen. Mitreißend und informativ!

__Zum Inhalt__: Geheimnisvolle Nager, Ein neues Revier, Tödliche Flut, Verliebt in einen Biber

3 4

32 Seiten

			PDF-Schullizenz
Buch	12 222	13,80 €	
PDF	P12 222	10,99 €	44,- €

Alfred Winter

Umwelt & Umweltschutz — Nachhaltigkeit ist wichtig

__Inhalt__: Veränderung der Umwelt; Wozu brauchen wir Erdöl?; Umweltprobleme; Treibhauseffekt; Umweltschutz; Was ist Energie?; Klima und Abfall; Müll aus Haus und Küche; Deiner Umwelt zuliebe!; Sinnvoll einkaufen; Tipps für den Alltag u.v.m.

4

56 Seiten

			PDF-Schullizenz
Buch	11 361	15,80 €	
PDF	P11 361	12,49 €	50,- €

Birgit Brandenburg

Wolf, Hund & Co

__Inhalt__: Der Wolf kehrt heim; Leben mit dem Wolf; Sagen, Märchen und Aberglaube; Friedliches Zusammenleben; Wie kommt der Wolf zum Dackel?; Mit allen Sinnen; „Berufstätige Hunde"; Jagd-, Service-, Hirten-, Dienst- & Gesellschaftshunde; Seltsame Verwandte u.v.m.

3 4

48 Seiten

			PDF-Schullizenz
Buch	11 862	14,80 €	
PDF	P11 862	11,99 €	48,- €